方天龍實戰秘笈 ⑤

7個避險策略

決定你 98% 的暴富成功率

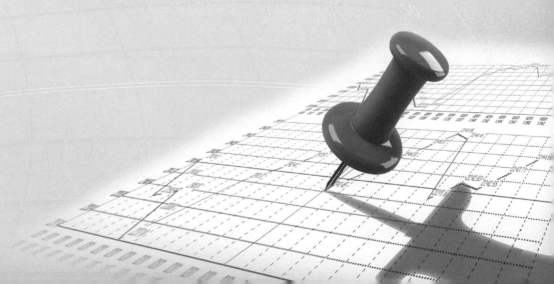

目錄

目錄

輸家？贏家？懂避險就是行家！

　　筆者的「實戰秘笈」系列繼《你的選股夠犀利嗎？》、《你的股票買賣時機精準嗎？》、《你抓得住漲停板嗎？》等三本書之後，第四本是《股票＋權證 必殺技》，感謝讀者反應熱烈，使我有信心把獨家心得繼續分享有緣人。其中「權證」部分是只寫進階的，有些基本常識並未一一交代，就好像做了一個香噴噴的漢堡，直接把那塊肉給你吃了。其實，麵包、青菜、沙拉等等也很重要。

　　我們常說，「最毒的蛇最補」；反過來說，最補的蛇也最毒。過去，筆者就常常以「河豚味美也要善於烹調處理才不致中毒」，比喻股市的水很深，如不注意漩渦也會慘遭滅頂。我一直很擔心新手只記得「權證是窮人翻身的最好機會」，而低估「權證」的「殺傷力」，尤其在大多頭時以小搏大，極易因賺一點小錢就樂昏頭，直到行情悄悄回檔，隨意購買權證，才發現完全不是那麼回事兒。

　　近期觀察「順邦」(6147) 時，發現它有漲勢停頓的感覺，不料一位權證大戶竟在該股票的兩檔權證總共買了兩千多張。當時我研究半天，並未發現有什麼特別的利多，可以支撐他這樣大喇喇的買進時，已經有點納悶了；不料，次日開盤，不僅期貨是跌的、現貨

也是跌的，這兩檔權證雖然跌不深但也在盤下。我不禁為這位權證大戶捏了把冷汗。

當天晚上，我習慣性地去追蹤籌碼，發現這位權證大戶真厲害，最後只用漲一毛錢的平均價格，就把所有的權證賣得一張不剩！哈哈，這人真是高手！其中一檔權證，由於權證發行商的「造市」不良——每次僅提供 10 張的委買單給客戶，這位權證大戶只好非常勤快的，把權證一張、一張、十張、十張地賣，我覺得那檔權證當天的「成交筆數」可能破了紀錄。換句話說，這位權證大戶在行情低迷時全身而退！真是一位厲害的高人！如果是股市新手呢？肯定在猶疑該不該賣出中失去時機，遭到了套牢。

權證一套牢，可不比股票。它常常會因為「時間價值的流失」、「標的股票一直在盤跌中」而慢慢滑下去，甚至滑得更快——因為它是以小搏大，漲得快自然跌得凶！當股票反彈而上時，權證可能還回不到當初的本錢。最後，只好以認賠收場了。

諸如此類的風險，是只貪戀權證便宜（幾百元就可以玩）而下海的新手所不了解的。只有經歷過損失的人才了然於心。所以，我都直接告訴讀者，只有在股票「非漲不可」，才買認購權證；股票「非跌不可」，才買認售權證。否則將很難承受風險！

如何避險，並非新手的必修課，凡操盤不順、股市失利者均需要學習。筆者深信散戶並非輸在「技術知識欠缺」，而是輸在「資金控管不當」。而資金控管不當，牽涉到多空研判、投資比例、停利停損、避險策略、紀律執行…等等各方面的知識。這

部分不能很快讓你嘗到勝利的美味，卻是支撐勝利的重要纜繩，正如漢堡除了香噴噴的肉之外，也要有麵包、青菜、等的搭配才完整。

上一次回台灣，為了了解書市狀況，到書店翻遍了股票書，發現其他作者採用的案例多是 2009 年以前的個股，筆者深不以為然。因為最新的案例才有最新的思維，股票一事看似大同小異，然而只有親身經歷才會知道真相到底是什麼。依我看，目前台股最大的問題在於隔日沖大戶的短線盛行，使得散戶跟進不易、賺錢很難。大家都說，「台股沒有長期投資的條件」；如果由我來說，台股恐怕連短線投資的條件都沒有。因為隔日沖大戶挾大筆資金一買，股價就上去，RSI 線型就變成黃金交叉、可以買進了；不料，隔日沖大戶次日就賣得一張不剩，於是股價又下來了。短線值得買進的線型又被破壞了！您說，台股是不是連短線投資的條件都沒有？

根據近半年的研究印象，當天的「強勢股」十之八九都是隔日沖大戶的傑作！大概我的書揭露太多這方面的機密，現在他們開始投出一些變化球了，例如開盤一筆就敲上漲停，讓你連想都別想就「關門」了，然後隔天照常出貨。夠狠了！照過去老舊的理論書，

「一」字型的漲停板是最值得跟進的股票，現在可不見得了。這是從不買股票、不研究籌碼的專家學者懂得的現狀嗎？當然不曉得，所以那些所謂國際名師的翻譯名著擺在家中除了炫耀「很有學問」外，實在沒什麼實質受益的。

真正受益的，目前可能是如何避險的策略。今年（2013 年）5 月 23 日一根 161 點的長黑線下來，股市開始變天。許多投資人在追逐強勢股的過程中，就常常發現自己「賺小賠大」的結果。因為強勢股很容易賺錢，可是一旦套牢留倉，隔天就繼續盤跌，最後甚至因主力撐不住而反手打到跌停板。投資人所損失的資金淨值可能十次獲利也彌補不了。這就是做多的難局。如果不能儘快地改變戰略──由純「做多」改為「做空」或「多空雙向操作」，不久就會感到賠不勝賠，一直在損耗資金的命運中！

所以，本書要教您的正是如何避免受傷、如何不蝕本，以及如何多空雙向操作以分散風險。本來我也想多列舉一些以股票期貨、選擇權的避險妙招，但衡諸「權證」對新手來說就已經很吃力了，我準備留待將來若寫到有關期權的專著再加以解說，否則還沒學好走路就想學跑的結果，反而害了很多強烈支持我的好讀者。

讀者的來信很多，半個月沒處理，就會堆積出六、七百封，有的讀者連續寫了幾十封了，都很體貼地要我「有空才覆」。雖然筆者無暇一一解答，但我對讀者的信件內容總是一讀再讀，發掘問題之所在，然後隱去姓名成為我 Blog 或書中的教材，這比

虛擬的問題切實多了，其他讀者也將實質受益。很多技術分析的問題不是一本書可以講完的，買我整套的書好處就在這兒，我常常在前一本書沒特別解釋的問題（初階的新手可能不懂），會根據讀者需求，在新書中寫到相關的題材時又充分發揮。

有一天，某讀者買到一檔強勢股後拉到漲停板，正在雀躍萬分時，突然風雲變色，漲停板打開了，而且一直往下走，甚至跌破了他當天買的價位，讀者緊張地問：「方老師，怎麼辦？怎麼辦？」

我根據經驗就請他以平盤價先融券殺出，等股價站穩再接回。結果晚上研究籌碼才知，是一位新主力的獲利了結，由於手上一千多張的股票同一天分批賣出，所以把股價從漲停打到跌停！次日，股票繼續下跌，而且連跌幾天。讀者逮到漲停板，最後卻由賺錢玩到賠錢，心中滋味可想而知。個股的變化多，誰知就有這麼一位主力當天正要出貨呢！但是，如果不甘心認賠，是否死得更慘？這就是操作的抉擇——停不停損呢？停損可能小賠，不停損就大賠。

讀者的經歷讓我悟出一句獨家的投資金律：「危險的追高，應該認賠，不該套牢！」這就是避險的訣竅，無關一般教科書所說的

「5％」、「10％」等等停損法。因為「蝕本」最大的錯誤，來自不懂停損，或不斷停損。可見得停損的條件，就是一門大學問，包括一成停損法、預設兩個停損點、鎖單停損法、部分停損法、本益比停損法、跌破技術指標停損法……等等。至於我說的「危險的追高」就是一個獨家的心得，和前述各種方法都不一樣。它含有「事不過三」的警惕，其出發點是「太貪」的危機處理！例如第一波當沖成功了，繼續玩同一檔股票第二波當沖又成功了，再玩第三趟卻被套住了。這時就該立刻認賠！因為主力在這第三波時可能真的出貨了，一跌下來，幅度不會太淺。若不甘心認賠，會把兩次當沖的戰果全部吃掉！這就是避險的判斷和抉擇智慧。

前面說的權證高人「不貪」，以一毛錢獲利就拚命賣權證，可說深諳此一道理。

投資避險的重要，無關是「專家」還是「行家」，而是關係著是「輸家」還是「贏家」。千萬不要錯過了這本書！

方天龍

方天龍信箱：kissbook@sina.com

方天龍 blog：http://blog.sina.com.cn/tinlung8

股票超入門系列叢書

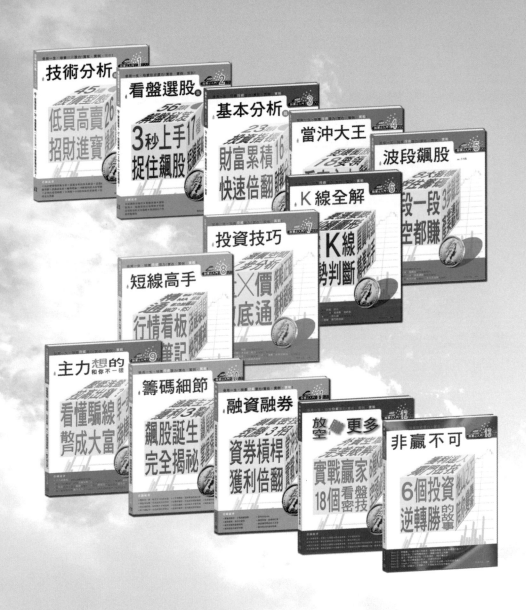

【訂購資訊】

http://www.book2000.com.tw

郵局劃撥：帳號/19329140 戶名/恆兆文化有限公司

ATM匯款：銀行/合作金庫（代碼006）/三興分行/1405-717-327091

貨到付款：請來電洽詢 ☎ TEL 02-27369882　📠 FAX 02-27338407

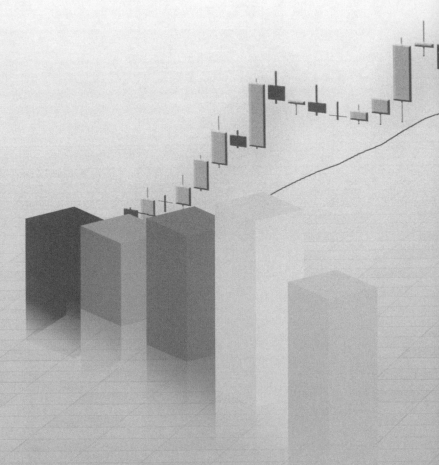

Chapter 1

避險策略01：
追逐強勢股，
先驗明正身。

▶ Point *01* 檢驗強勢股成分，才知道它的命運

做多，要選強勢股；放空，要選弱勢股。這是對股票稍有了解的人都知道的道理。但由於大部分散戶仍以「做多」的居多，所以如何選擇強勢股，可說是投資人永遠非學不可的技術之一。「好的開始是成功的一半。」選對了股，就是「好的開始」！

但是，台股發展到今天，追逐強勢股已成為一種「顯學」了，難的是如何避開「強勢股」的「風險」。

強勢股也有「風險」？

是的，筆者已不只在一本書中提醒股友要注意這個問題了。如果您是一個經常追蹤籌碼的有心人，就會發現：現今的股票當天的強勢股，尤其是拉到漲停板的股票，幾乎有一大半都是「隔日沖大戶」的傑作。他們挾大資金而來，用力一拉，就在幾分鐘之內把股票拱上漲停板，您想及時跟進都來不及；一旦當天沒跟上、次日再跟時就成為他們「倒貨」的對象，「開高走低」是常見的悲劇。好不容易 RSI、KD 值都黃金交叉了，次日他們把股票一賣，線型又被破壞了。

既然這樣，「強勢股」還能追嗎？

確實是危險的陷阱！

有個笑話這樣說：

一農戶在殺雞前一晚餵雞，不經意地說：「快吃吧，這是你最後一頓了！」

第二日，見雞已斷氣並留遺書：「爺已吃老鼠藥，你們別想吃爺了，爺也不是好惹的。」

買強勢股，有如啃美味的雞腿，從前哪有什麼「禽流感」的問題，現在卻得注意了。這是過去的股票書很少提到的「股市最高機密」！

河豚味美，也要善於烹調處理才不致中毒；股市的水很深，如不注意漩渦，容易慘遭滅頂。所以，追逐強勢股，要先驗明正身，看看這檔心目中的「強勢股」是不是「隔日沖大戶」拉抬造成的？如果是，他們明天就會把股票賣得一乾二淨了，那麼所謂的「強勢股」立刻會像汽球有了裂縫一樣，不再強勢了。所以，必須先「驗明正身」才跟進，否則很容易被套牢。

如果學過技術分析，看到以下這檔股票的日線圖，一定覺得很想隔一天立刻跟進吧？

這是不是絕佳的買點呢？

基本上，應該是的，因為它突破了前一波的高點，表示有「更上一層樓」的機會。

以下是「晉泰」（6221）在 2013 年 6 月 14 日的歷史位置：

圖 1-01 　「晉泰」（6221）在 2013 年 6 月 14 日的日線圖

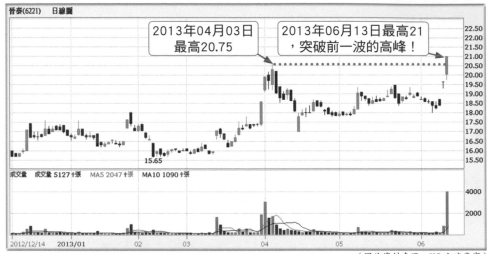

2013年04月03日 最高20.75

2013年06月13日最高21，突破前一波的高峰！

（圖片資料來源：XQ 全球贏家）

圖 1-02 　晉泰的融資成數是五成。

（圖片資料來源：XQ 全球贏家）

6221晉泰	個股代碼/名稱：		查詢
市場別	櫃檯	交易狀況	正常
主管機關警示	正常	撮合作業	正常
單筆預繳單位	0	累計預繳單位	0
融資買進交易	正常	融券賣出交易	正常
融資賣出交易	正常	融券買回交易	正常
融資成數	50%	融券成數	90%

「晉泰」（6221）是一檔上櫃股票，屬於電子股中的「資訊服務」類股，也是屬於「雲端運算概念股」、台灣軟體指標之一。它是一檔非常小型的股票，三大法人著墨不多，董監持股也不集中，但因股本只有 3.6 億，在外流通的籌碼並不多，極容易受到市場派的拉抬，不論是一週、一月、一季、半年、一年的投資報酬率都是正面的。它的信用交易狀況也很正常，融資成數 50％，融券成數 90％。

此外，公司成立已近 20 年的「晉泰」（6221），雖然負債比率達 57.88％是高了一點，但它的本益比是 16.5（同業平均本益比是34.77），股價淨值比是 1.37。股東權益報酬率是 1.59％，殖利率也算不錯，達 7.16％。

再來看看它的獲利能利。從以下的資料（表 1-01），可以發現它的毛利率從 2008 年的經濟風暴以來，一直在力爭上游中，近期更是節節上升。這樣的股票不能多抱幾天嗎？

答案是：未必可以。因為你必須了解目前的股市生態，台股真的沒有長期作多的條件。既然沒有長期做多的條件，因而造成目前股市主力「隔日沖」盛行的風氣，他們在股市呼風喚雨，只要當天買進，當天股價就漲停板了。正當投資人被那耀眼的漲停板吸引住、準備投入資金時，他們就像蝗蟲飽啖一番之後，呼嘯離去。留下的只是一堆垃圾殘渣，讓散戶們收拾。那麼散戶是不是很有風險呢？

表 1-01　晉泰（6221）獲利能力分析

季別	營業收入	營業成本	營業毛利	毛利率	營業利益	營益率	業外收支	稅前淨利	稅後淨利	每股稅後淨利
2013.1Q	323	244	80	24.67%	11	3.39%	0	11	9	0.24
2012.4Q	417	328	89	21.41%	23	5.58%	-3	20	14	0.39
2012.3Q	354	283	71	20.07%	5	1.45%	1	6	6	0.16
2012.2Q	470	380	90	19.15%	24	5.01%	0	24	19	0.56
2012.1Q	582	481	101	17.35%	31	5.39%	1	32	26	0.77
2011.4Q	584	485	100	17.04%	24	4.07%	-1	23	18	0.55
2011.3Q	450	363	87	19.36%	22	4.97%	-3	20	16	0.49
2011.2Q	499	411	88	17.68%	24	4.91%	2	27	23	0.71
2011.1Q	534	455	79	14.86%	20	3.71%	3	22	18	0.57
2010.4Q	471	394	77	16.26%	11	2.44%	4	16	14	0.43
2010.3Q	506	426	80	15.77%	22	4.36%	4	26	20	0.63
2010.2Q	423	361	62	14.62%	9	2.19%	5	14	9	0.28
2010.1Q	294	248	46	15.52%	-7	-2.34%	0	-7	-5	-0.17
2009.4Q	272	221	51	18.68%	1	0.46%	1	2	2	0.08
2009.3Q	246	206	40	16.19%	-14	-5.66%	0	-14	-10	-0.31
2009.2Q	175	131	43	24.82%	-13	-7.56%	2	-12	-12	-0.4
2009.1Q	284	230	54	19.16%	-3	-1.10%	1	-2	-0	-0.01
2008.4Q	282	217	65	22.95%	-2	-0.77%	5	3	3	0.11
2008.3Q	384	318	66	17.25%	4	1.07%	9	13	10	0.31
2008.2Q	331	269	62	18.66%	-1	-0.28%	7	6	6	0.19
2008.1Q	337	271	65	19.35%	4	1.09%	3	7	7	0.2

　　我們來看看次日（2013年6月14日）「晉泰」（6221）的日線圖，就發現是一根有著長長上影線的黑K棒！這意味著當天買進的散戶都套牢了！

圖 1-03　「晉泰」（6221）2013 年 6 月 14 日的日線圖。

（圖片資料來源：XQ 全球贏家）

圖 1-04　「晉泰」（6221）2013 年 6 月 14 日的分時走勢圖。

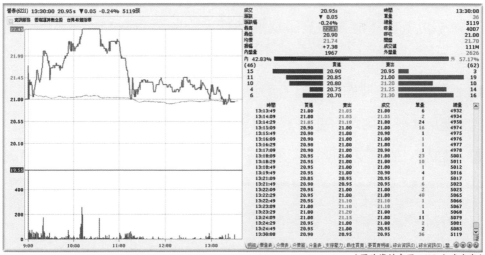

（圖片資料來源：XQ 全球贏家）

如果不懂「長上影線」在技術線型上的意義，您可能不太有感覺；但是如果您看到「晉泰」（6221）在 2013 年 6 月 14 日的走勢圖，這樣一天之內的「分時走勢圖」，就會有大洗「三溫暖」的感覺了！它的變化很大，是吧？您不覺得它像坐「雲霄飛車」一樣的驚悚嗎？

　　請看圖 1-04「晉泰」（6221）第二天的走勢，隔日沖大戶只是把漲停板的股票打到平盤，還算是客氣！我不知看過多少次類此先拉漲停板，再打到跌停板的案例呢！

　　從圖 1-04，我們可以看出：

❶ 這檔股票以 21.7 元高盤開出，漲幅是 3.33％，開盤的第一筆量就達到 457 張，可謂「價量俱揚」，十分看好。

❷ 從預估量來研判，這檔股票當天的成交量非超過前一天的 4,007 張不可。果然盤後證實了這個判斷，它的量是 5,119 張，增幅為 28％。

❸ 開盤後，一波波向上攻堅，而且每一波的低點，多未跌破前波高點。短短 18 分鐘內，它就創了五日新高。

❹ 我們從「股票交易明細」來看，到了上午 10 時 8 分以後，股價就一口氣衝上了漲停板！漲停板鎖上之後，掛了大約三、四百張買不到的紅單子，顯示「量縮惜售」的氣氛。

❺ 很多有「先見之明」的投資人（應該說對明天不抱希望的短線客），

眼明手快，把早盤以「融資」方式買進的股票，立刻以同量股票用「券賣」的方式把它軋掉，完成一樁「完美的當沖」，喜不自勝。

❻另外，還有一種做中長線投資或波段操作的股友（或是無法看盤的上班族），可不想賺「當沖」這樣的「微利」，所以到了漲停板，仍老神在在，並不任意動搖，還是堅持留下股票，打算抱個幾天再賣。

❼誰知從上午 10 時 11 分到 10 時 34 分，不過才漲停 23 分鐘，漲停板就突然被打開了！

❽這檔股票被打開漲停板之後，有一波看似「換手」的「打下又拉起」動作，不料到上午 11 時之後，突然以連續而密集的小賣單，一口氣急殺而下，把股票打到平盤附近，然後經過幾波盤整掙扎，最後跌到盤下去了（收盤 20.95 元，跌幅 0.24%）！

❾從漲停打到盤下，「空頭」大戶簡直如入無人之境。大概連這一天剛剛買進的「多方」大戶們都看傻了吧！

❿多方大戶沒錢拉股票嗎？也不是。只因大盤的趨勢是向下的，縱然擁有資金也不敢隨便砸下去，只得眼睜睜地看著空頭大爺劫掠而去！

搜尋技術指標，避免賺小賠大

　　看到以上「晉泰」（6221）的走勢，您會如何操作這檔股票呢？如果您「先買後賣」完成一個當沖，算你眼明手快、知足常樂；如果你見到漲停板而敢「先賣後買」地放空，算你膽識過人、不怕被軋。如果您一開盤就先買後賣，完成前半場的、成功的當沖；接下來，您又從漲停板再用融券空下來，直到盤下才鳴金收兵、用買進同樣數量的融資股票把它軋掉（資券沖銷），那你不是股神，也必是擁有影響個股上下方向的主力了！只有主力有這樣的資金，要行情往天堂走，它不敢下地獄；要行情往地獄走，它不敢上天堂！

　　至於在當天買進後、繼續抱股票不隨便進出的人呢？他們雖然沒有經歷心臟病的考驗，但看到結果是比自己當天買進的股價還低，恐怕也不好受吧？做錯方向賠錢的人固然是「倒大楣」，而完全不動的人也得「小倒楣」了。那麼，「投資」一事是不是有極大的風險呢？

　　當您在大多頭時期怎麼玩都怎麼賺的時候，總覺得自己很了不起，可是一旦空頭時期來臨，如果不好好審時度勢、好好愛惜本錢，您將會發現：怎麼一次重挫，就把十幾次的勝利戰果給吞噬掉呢？所以，「股市風險」是絕對不能不考慮的大事！不是只有買到「大牛股」，會讓你失去耐心；現在卻是買到「黑馬股」（強勢股），也會

讓你傷腦筋！如何「不受傷」？如何「不蝕本」？正是一門大學問！

我們不要說「空」話，現在就來分析一下「晉泰」（6221）的「多」方為什麼一敗塗地吧！以下是「晉泰」的幾個技術指標：

圖 1-05　晉泰的幾項常用技術指標。
（圖片資料來源：XQ 全球贏家）

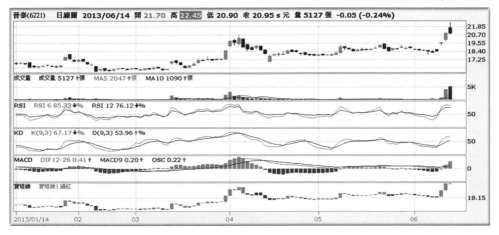

圖 1-06　晉泰的 DMI 指標。
（圖片資料來源：XQ 全球贏家）

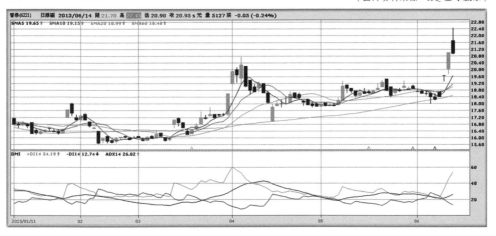

我們來看「晉泰」這檔股票的技術面：

❶ RSI、KD 值，都經歷了兩個月的盤整之後，開始形同「噴出」的走勢。才三天的拉抬，行情就結束了嗎？筆者絕不作這樣的論斷！

❷ 它的 MACD 已經突破 0，而往上發展了，理當不會才排出兩列「紅磚牆」就結束吧？我認為向上的機會仍大。

❸ 至於寶塔線，雖然當天已經走平，但是在盤整幾天之後繼續往上走的機會也很多。

所以，從常用的幾個技術指標來看，它是「短空長多」。但是「長空」有多長呢？筆者不敢說，因為「多頭」在市場上有一個很大的阻力－－「隔日沖大戶」太多了，個個都很短視，買進之後，有了 1% 的利潤就落跑，使得台股這個市場相當畸型！對於習慣「做多」的散戶群來說相當不利。做多的股票常常上去是「用爬的」，下來卻是「用滾的」，「賺小賠大」就成了散戶的命運！所以投資股票不賺錢不怪你，該怪的是整個股市風氣太糟。投資人只是不曉得真相而已！

筆者是最早拿「隔日沖大戶」主題寫書的人，我的書中，有好幾本都提及這個顯著而又影響深遠的「股市賺錢不易」癥結所在。這在初階股票書籍中是很少人探討的主題，卻是股市不可不知的風險，更是讓許多新手始終搞不清楚的關鍵性問題！

▶Point 03 檢視多空雙方戰力，看誰較具優勢

我們直接來研究「晉泰」（6221）2013 年 6 月 14 日的籌碼趨向吧！

請看看筆者整理出來當日「多方陣營」的主將，看看是誰在買這一檔股票？答案如下：

圖 1-02　2013 年 6 月 14 日「晉泰」買超前十名

買超排行	買超張數	平均價格
多方老大	159張	21.58元
多方老二	120張	21.81元
多方老三	118張	22.2元
多方老四	90張	21.7元
多方老五	89張	22.3元
多方老六	75張	21.62元
多方老七	70張	22.45元
多方老八	60張	22.4元
多方老九	51張	21.76元
多方老十	41張	21.7元

以上所說的「多方」老幾老幾，指的是買超前十名券商的排行。為了不擋人財路，並表示無意妨害主力大戶群的隱私，姑略去該表中

主力經常進出的券商名稱。但是，其所買的股票張數及價位則為真實的資料，這是為了便於研究股市的奧秘，不打算以虛構方式寫出來。筆者所拜的老師名叫「驗證」，意即我所掌握的股市奧秘全來自真實採樣、真切驗證、真正的苦功！

我們再來看看 2013 年 6 月 14 日「晉泰」「空方陣營」的主將，看看是誰在殺這一檔股票？答案如下：

圖 1-03　2013 年 6 月 14 日「晉泰」賣超前十名

賣超排行	賣超張數	平均價格	屬性
空方老大	118張	22.15元	隔日沖大戶
空方老二	100張	21.7元	隔日沖大戶
空方老三	100張	21.97元	
空方老四	80張	21.53元	三日沖大戶
空方老五	80張	22.2元	
空方老六	75張	21.7元	隔日沖大戶
空方老七	67張	22.59元	隔日沖大戶
空方老八	60張	22.15元	三日沖大戶
空方老九	46張	21.7元	隔日沖大戶
空方老十	43張	21.54元	三日沖大戶

透過計算，十位「多方陣營」的主力大戶共買超 873 張，平均買價是 21.95 元；而十位「空方陣營」的主力大戶共賣超 769 張，平均賣價是 21.82 元。

這樣的統計並不具代表性意義，但是，可以看出幾個特色：

❶「多方陣營」的主力大戶，平均買價至少都在 21.58 以上（總平均是 21.95 元），而 2013 年 6 月 14 日「晉泰」（6221）當天的收盤卻是 20.95 元，可見得沒有一位多方陣營主將不是被「套」住的！

❷「空方陣營」的主力大戶，平均賣價至少都在 21.53 以上（總平均是 21.82 元），而從前一天或前兩天他們的買價來比較，全部都是獲利的贏家！可見「空」方在此一役中，是絕對優勢的！

❸從「多方陣營」的主力大戶屬性來看，除了空方老三和老五是比較不明顯的短線大戶之外，竟然有八位都是隔日沖大戶！所謂「三日沖」只是權宜之計，基本上他們在其他個股的操作上也大部分是今天買、明天賣的「隔日沖大戶」本質。

❹從以上統計數字可知，「隔日沖大戶」的比例之高，讓股市變得動盪不安。今天看好買進的股票，很可能到下半場就「山河變色」了！那麼股市投資有什麼保障呢？如果不跟著起舞，豈不吃虧了？這就是一種風險，也是散戶未知「內幕」的風險！

▶ *Point* **04 不合理的空襲，何妨投機一下**

現在來看看筆者在研判這檔個股之後下了什麼結論：

一、把握反彈機會，把股票出掉！

多方陣營全遭「空襲」，每一位多頭大戶都中鏢！這個世界哪有這麼不公平的，每一位多頭大戶都甘願認賠嗎？所以必然還有一次逃命線。在逃命波中，必須趕快奪門而出，否則股價仍會下來。因為大部分比你投注更多資金卻被套住的大戶，一定比你更緊張，所以經此震撼教育之後，他們的信心也被擊潰，一定志在出脫股票，而不會繼續拉抬了，所以最終股價仍將往下。這是趨勢的力量！

二、善於搶反彈者，可投機一下！

危機，就是轉機；扭正平衡的過程中，就有利潤價差產生，所以善於做生意的人，往往是利用這種時機謀利而有投機的勝算。當然，要有勝算，就得對個股做過研究，才知道有這個機會；見到「有機可趁」，是憑「預測」而非憑「臆測」的！

三、資金控管不佳，就無緣投機！

為什麼筆者經常強調「資金控管」的重要呢？因為平時不注重「投資比例」的人將會在有機會「投機一下」的時候，沒有資金可用；如果持股比重太高的人，看到跌深了，也是不敢承接股票的。這就違反了「高價不必戀棧，低價不必懷疑」的原則！

　　根據我的研究，筆者就在 2013 年 6 月 17 日買進，而於 2013 年 6 月 19 日以漲停板賣出了。

　　前者理由是這一天是逃命波的最佳買點，後者的理由是「多方主力被嚇怕了，旨在逃命，不會繼續拉抬股票」。您懂得這種心理，就會無往不利！

圖 1-07　「晉泰」的日線圖。

（圖片資料來源：XQ 全球贏家）

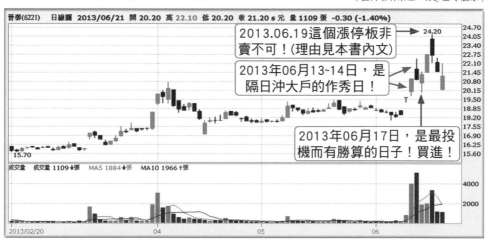

搞「隔日沖」的大戶，其實是很聰明的。他們利用「拉漲停、次日容易開高」的心理因素介入，根據我的研究，他們賺錢的機率確實很高。不過，有些「隔日沖大戶」似乎有資金的壓力（也許有信用過度膨脹的苦衷）非出股票不可，像 2013 年 6 月 17 日這天，我發現仍有部分也被套住的隔日沖大戶流血殺出，非常慘烈！我們來看圖 1-08 就知道了！只要研究過籌碼就發現，這一天是買點，而非賣點。但他們卻非出股票不可。還真奇怪呢！

圖 1-08 　「晉泰」（6221）在 2013 年 6 月 17 日的分時走勢圖。

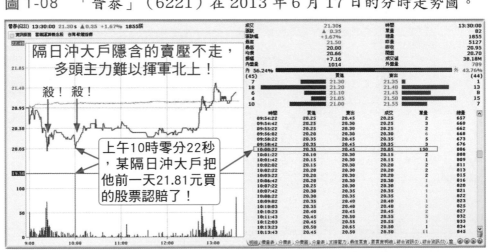

在圖 1-08 中，筆者發現前一天用 21.81 元買了 130 張「晉泰」（6221）股票的某「隔日沖大戶」，在 6 月 17 日這天上午 10 時零分 22 秒，以 20.05 元的價格認賠了！

多頭主力其實都知道這些「隔日沖大戶」隱含的賣壓一日不去，這盤就很難往上發揮。所以，直到隔日沖大戶的大單一一倒光之後，才揮軍北上。這一天在隔日沖大戶紛紛賣光之後，多方陣營果然發動反撲了，收盤達到 21.3 元的高點，6 月 18 日更高，6 月 19 日乾脆拉到漲停板才結束！我實在不明白認賠的隔日沖大戶為何要殺雞取卵，把股價打這麼低呢？如果不賣在 20.05 元，也有機會嘗到 24.2 元漲停板的甜頭！惟一的解釋就是他們有「隔日非賣不可」的壓力──資金是由丙種資金而來的，只限一天！當然，我並不了解內情，只是臆測而已。

如果被我猜對了，那我認為，這也是另一種「資金控管不當」的模式啊！在下跌的趨勢中，這樣玩太冒險了！

05 搭轎還是被甩轎，從盤中看買賣力道

　　再說得明白一點，經過我的籌碼分析就知道，「晉泰」（6221）在 6 月 17 日絕對還有機會找到逃生門。但是，並非凡是隔日沖大戶走了之後，一定還有解藥的，這必須看個股表現。一般來說，「蝗蟲過境」之後，是沒有好風景的，但也有例外。

　　以「晉泰」（6221）來說，看盤技巧如下：

❶ 2013 年 6 月 14 日「晉泰」漲停之後殺下來，竟殺到盤下（收盤 20.95 元，跌幅 0.24%），而前十名多方主力的最低買進價格，卻在 21.58 元。這太不合理了！別的股票可能不是這樣的結構，所以次日以後會繼續盤跌、繼續一蹶不振；而「晉泰」卻是「不合理的結果」。所以，要搭轎一定得研究一下籌碼，就是這個道理。

❷ 2013 年 6 月 14 日我的觀察，「晉泰」一路有人追殺，節節敗退，多方主力像無心反擊，似乎不想浪費子彈，而是採取順勢下滑的態度。這說明多方主力並非力量不夠，而是沒有用力，力量仍在。就像日本偷襲珍珠港的錯誤一樣，一旦巨人醒來，自然就非揍扁挑釁者不可了！

　　大抵來說，隔日沖大戶飽啖戰果後，戰場已是殘破不堪，很少有好結果，圖 1-09 ～圖 1-11 都是筆者前兩年存留的「分時走勢圖」資

料，日期已不可考，但都說明隔日沖大戶劫掠之後，後市未必都如「晉泰」那樣還有「逃命線」的，所以在機率上還是開高走低的機會大些。

圖 1-09　「巨騰」的分時走勢圖。

（圖片資料來源：XQ 全球贏家）

圖 1-10 「綠能」（3519）的分時走勢圖。 （圖片資料來源：XQ 全球贏家）

圖 1-11 「榮星」（1617）的分時走勢圖。 （圖片資料來源：XQ 全球贏家）

06　透視隔日沖大戶最新的彈性變化

　　根據筆者的研究，隔日沖大戶們近期還漸漸研發出一些新招了。在「即使是吃排骨，也不讓散戶喝湯」的謀略上做得更徹底了。這裡先透露幾個獨家觀察。我已經有不少的案例在支持這樣的研究結果。本來事屬機密，但願意獻給有緣的讀者（讓少數買書的讀者成為贏家）：

一、開盤直接一筆拉上漲停：

　　筆者在本書「作者序」已經略提到此事。他們通常利用「利多」消息，一筆拉上漲停板。它的線型就呈現出「一」字的超強漲停板 K棒。隔一天，必然開高，簡直是獲利的保證。以「加捷」（4109）來說，就是連拉三個漲停板。他們每天都用漲停板價格敲進；「亞泰」在 6月 20 日，也是跳高漲停；又如 2013 年 7 月 3 日，隔日沖大戶仍以開盤就拉漲停的模式進行他們的行動，中間不曾打開過。

　　隔日沖大戶為什麼要一筆拉上漲停呢？一來不讓你跟進，就可以成本比你低，因為只要明天一開高，他就可以出股票「吃排骨」了，而你的成本比他高，連「喝湯」機會都沒有。二來造成跳高缺口，讓人誤以為一定有什麼大利多，而勇於追逐該股，有利於他們的出貨。

圖 1-12 「協益」（5356）的分時走勢圖。 （圖片資料來源：XQ 全球贏家）

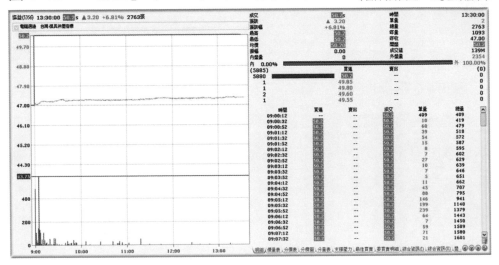

圖 1-13 「越峰」（8121）的分時走勢圖。 （圖片資料來源：XQ 全球贏家）

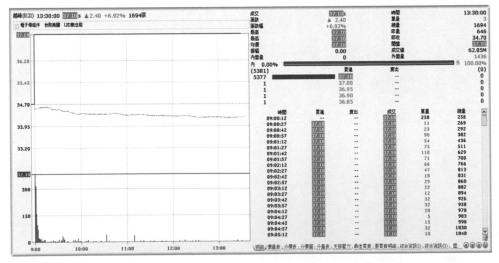

二、選擇介入的股票，不再固定那幾支：

近期隔日沖大戶們不再持續對同一檔個股連續拉抬、賣出、拉抬、賣出，而是機動選擇較少介入的股票。這樣他們的行動就較隱密，不會被守株待兔的投資人掌握，也不會被資深行家所利用，更不會被具備更高實力的法人或其他主力所干擾、踩線。

過去，他們常常選擇某一些特定條件（例如股本小、可融資融券）的股票，分別介入（見圖 1-14）。有時規律到星期一炒這檔股票、星期二炒那檔股票、星期三炒另一檔股票，往往一周後又回到原來的股票上，這樣的操作模式很容易被「看破手腳」，尤其股市高手都很容易掌握他們的行蹤搭轎。基本上，那時他們玩過的股票，隔幾天後多半已經量縮整理完成，他們正好再次介入，幾乎是百戰百勝。但是，久而久之，這些招數就不靈了！所以，需要想出更新的策略。

依筆者的研究，近期他們的行動非常閃爍，經常介入的是從未（至少一年內）玩過的個股。大部分股票專業軟體在這些籌碼的資訊上也有一個期限（例如只有一年內的主力進出狀況），所以當他們首次介入某一檔股票，一般人都看不出他們是玩「隔日沖」的老手，也就敢跟進了！這就是他們的謀略考量。

請看圖 1-14，這是「越峰」（8121）從前（兩年前）在某一群隔日沖大戶的炒作下，兩天一組、兩天一組的時間位置圖。

從 2011 年 10 月 14 日看這張「日線圖」的標記，就可以發現這一檔「越峰」（8121）短期內至少就有七次被玩過了。如此密集炒作同一檔股票的情形，現在已經很少見了。

由圖 1-14 就知道，經過隔日沖大戶的介入，這檔股票是毫無「正能量」可言的。從 2011 年的百元身價，降到 80 多元，再從 80 多元再降到 60 多元，然後再由 60 多元降到 50 多元。

那麼現在 2013 年 7 月股價是多少呢？

30 多元！

從這一點來看，您就可以悟到「隔日沖大戶」對台股的殺傷力有多大！

圖 1-14 「越峰」在兩年前的日線圖。 （圖片資料來源：XQ 全球贏家）

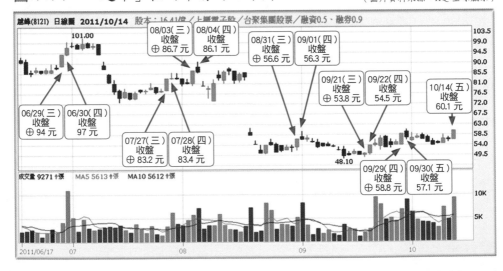

圖 1-15　某一檔股票的隔日沖大戶進出動作，在股票專業軟體中暴露無遺。

（圖片資料來源：XQ 全球贏家）

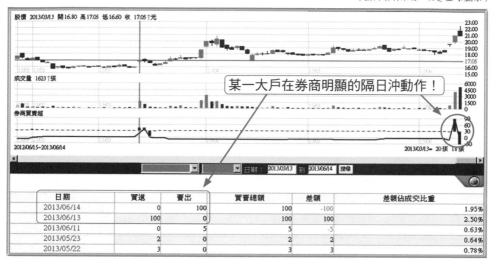

圖 1-16　某一位隔日沖大戶首次介入某一檔股票時，外行人看不出他的身分。

（圖片資料來源：XQ 全球贏家）

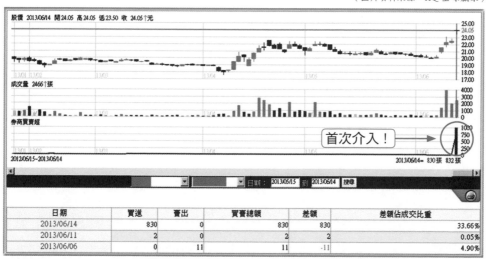

圖 1-17　當隔日沖大戶的動作在次日曝光時，他們已經「人去樓空」，不再玩這一檔股票了。

（圖片資料來源：XQ 全球贏家）

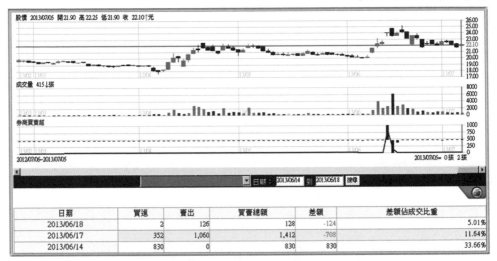

日期	買進	賣出	買賣總額	差額	差額佔成交比重
2013/06/18	2	126	128	-124	5.01%
2013/06/17	352	1,060	1,412	-708	11.64%
2013/06/14	830	0	830	830	33.66%

　　從圖 1-15，我們看出以前的隔日沖大戶在「券商買賣超」的紀錄，兩天之內一進一出，線型非常工整，很容易辨認，這就是隔日沖大戶在介入這檔股票的明顯投影。從該圖底下的數字，我們也可以明白，他第一天買 100 張股票，第二天也是賣 100 張股票。在線型上我們可以看得很清楚。

　　那麼，他們現在如何掩飾其「蝗蟲過境」般的隔日沖行動呢？請看圖 1-16 及圖 1-17 連續兩、三個交易日的紀錄就了解了。

　　圖 1-16 的意涵就是，某一檔股票在 2013 年 6 月 14 日有隔日沖大戶介入，但是您無法辨識他的身分。因為他是首次介入這一檔股票

的，一年內甚至連一筆其他的買賣紀錄都沒有。所以，您的警戒心就喪失了。這是一種「障眼法」。

直到您第二天跟進之後，就會發現：怎麼和想像中的結果不一樣？您也會懷疑：怎麼技術指標失靈了？呵呵 ^_^ 您誤解了。任何股票只要有人把股價拉到漲停板，就會發現它產生 RSI、KD 值黃金交叉的結果，也就是線型變得很好了。當次日一群隔日沖大戶狂賣、猛賣的結果，股價就下來了，那線型不會改變嗎？所以您怪罪「技術分析不可靠」只足以說明您學藝不精、只知其一不知其二！

線型是有錢人畫出來的！

從圖 1-17，我們就可以看出 2013 年 6 月 14 日「隔日沖大戶」買進的 830 張股票，您可以自己計算看看，隔日沖大戶在第二個、第三個交易日是不是全倒出來了（其中 2 張的誤差，應是同一券商內小散戶的作為）？這時，才知道真相，已經來不及了！因為他飽啖戰果之後，立刻撤得無影無蹤！短期內不會再介入這檔股票！他現在都在新股票（從未介入的股票）四處游走，幾千支股票夠他「環遊世界」一周了！您不必期待他像兩年前的「越峰」一樣一再「重作馮婦」了！既然您「所遇非人」及早認賠，才是明智之舉！

由此可知，他們現在多半選擇很少進出過的個股介入了，這是他們新的策略。所以，當您查閱「歷史的個股券商買賣超」紀錄時，常

常發現該券商在那一檔個股並沒有其他時刻的買賣紀錄,所以您也就不曉得他是「隔日沖大戶」,一旦次日我們在大咖賣掉股票再看時,當然紀錄就出現了。可是,這時他已經換股操作,另覓其他較少買過的股票介入,對於那一檔股票來說,他又是一個新人了!

三、低檔買進的股票,高檔就當沖掉了:

再舉一個例子,2013 年 7 月 4 日,隔日沖大戶炒作某一檔個股,就是採取「低檔買進,高檔就當沖掉了」策略。這是一檔「太陽能概念股」。某一隔日沖大戶當天總共買進 1,635 張,賣出 1,076 張,留倉只有 559 張。他們是採取這樣的價位買賣進出的:

表 1-04　某隔日沖大戶在某一檔股票的操作細目。

成交單價	買進	賣出	差額
21.90	38	0	38
21.95	60	0	60
22.00	61	0	61
22.15	30	0	30
22.20	292	0	292
22.25	120	0	120
22.30	113	32	81
22.35	0	3	-3
22.40	10	1	9
22.45	69	22	47
22.50	31	0	31
22.55	93	15	78
22.70	13	0	13
22.80	2	0	2
22.85	703	1,003	-300

從表中可以看出，他們從 21.9 元起一路買進，在相對高檔時即已繼續有賣出的額子，來到漲停板 22.85 元（前一個交易日收盤是 21.4 元）的位置時，不僅買進 703 張，還同時賣出 1003 張。在漲停板這個價位上，他們就多賣出了 300 張。同一個價位的買進和賣出並非矛盾，而是「造量吸引買盤跟進」，以利「買少賣多」的手法出脫股票！從「整體的成本」考量，這樣的操作方式是高明的！

這樣的做法，可減輕次日出貨的壓力，反正當天就已經是獲利的了。

在過去，隔日沖大戶的做法，很少如此不規則的，而是採取「今天全買、次日全賣」的模式規律地進行。所以，看得出來，他們的行動已變得靈活且難以捉摸了。

凡此種種，可以看出隔日沖大戶各種變化都是為了甩轎，不讓散戶有跟進的機會，這樣他們才能在極小的利潤中佔進便宜、穩操勝券。

▶ Point 07 　自營商出招狠，做好紀錄勿跟進

　　筆者在研究個股籌碼時，有個意外的發現，那就是若干自營商紛紛加入「隔日沖大戶」的主力行列。尤其一家號稱最大的證券商的自營部門，現在是最厲害的隔日沖大咖了，許多漲停板的股票，都是他們拉的，有些「一」字型的漲停板更是他們用錢砸出來的。幾乎歷次隔日沖大戶參與的戰役，都有他們的一份。我不知道隔日沖大戶之間是否有何聯繫或合作，奇怪的是怎麼一筆拉漲停的股票，他們都能夠同時介入，這真是「太巧」了，也太令人羨慕了！如果不是「心有靈犀一點通」，是無法趕上如此境界的！

　　依我看，過去傳統的隔日沖大戶群還比較厚道一些，因為他們都是把快要漲停的股票用大資金拉上漲停，因而自己的成本價就是漲停板價格。如果隔一天大盤大跌，而投資人也買到平盤價，那麼投資人就和他們一樣成本，競爭力是公平的。何況有時他們還會因為次日開低盤無利可圖而不惜花點銀子把股價拉上來再賣出（買少賣多），那麼便可以搭轎了。所以，對於這樣的隔日沖，我們還是心存感激的。

　　然而，近期加入「隔日沖」行列的自營商，卻是吃人不吐骨的惡霸！我不說明白，您是完全不懂的；但我一說，自營商也要恨死我了，因為他們的操作手法確如我所說的，讓散戶非死不可！不過，為了讓

我有緣的少數讀者不輕易受傷，只好抱歉了！

　　舉例來說，2013年6月17日，該自營商買進「英業達」（2356）4820張，平均價位是14.95元。他買的股票在多方排名第一，佔該股票當天成交比重是18.92％。次日，該自營商立刻以15.08元的平均價位賣出4820張「英業達」，他賣的股票在空方排名第一，佔該股票當天成交比重是21.34％，影響不可說不大！我敢說當天該個股的下跌，全拜他們所「賜」！

圖1-18　「英業達」（2356）的日線圖。　　　　（圖片資料來源：XQ全球贏家）

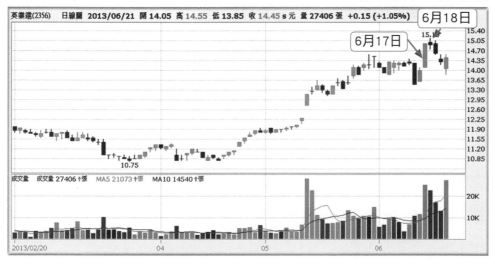

我們查 2013 年 6 月 18 日的「券商買賣超」資料就可以看到，這大咖一口氣賣 4820 張「英業達」股票，難怪股價最高只到 15.15 元，就一路下挫。從價格來看就知道，當天跟進的投資人是不是多半套牢了？而股價呢？隔天續跌，再隔天仍然續跌！自營商顯然不想讓散戶佔到半點便宜。因為如果他們願意利益均霑的話，怎麼會用 15.08 元（成本 14.95 元）這樣低的價格賣掉股票呢？他的出貨可是一張不剩！他的量這麼大，對市場的打擊不可不謂大啊！這就是自營商──三大法人之一對社會所負的責任嗎？

　　筆者用英業達為例，其實還沒說出他們的「狠」比隔日沖大戶更凶悍的關鍵所在。隨便再抓一個例子（其實俯拾即是，因為他們現在每一檔股票都是這樣幹的！），就可以說明他們和散戶鬥，簡直相當於 26 歲的青年人和 6 歲的小孩來一場拳擊賽！

　　這樣吧，我不指明哪一檔股票吧。假設有一檔股票，他們從平盤價 20 元開始一路買進，20 元買 800 張，20.2 元買 150 張，20.3 元買 50 張，20.5 元買 140 張，20.6 元有壓力了，買 400 張，20.7 元買 40 張，20.8 元買 130 張，20.9 元買 900 張，21 元買 1500 張，21.2 元買 100 張，漲停板 21.4 元買 2000 張。收盤就是漲停板 21.4 元。請問這個大咖的平均價位是多少？

　　──答案是大咖總共買了 6,210 張，平均成本是 20.92 元。

現在問題來了。隔一天，開盤漲 3％ 吧！那就是開盤 22 元。換句話說，他可以從 22 元一直殺到 21 元都沒問題！而跟進的投資人沒有一個是倖存的。就算不買開盤價 22 元，一路往下買，也會一路往下套，不是嗎？因為大咖的成本價永遠比您低！這就是他們驃悍的地方。

　　總結「避險策略 01 ／追逐強勢股，先驗明正身」，我們身為散戶者必須多研究籌碼、做好紀錄，不要見到強勢股就追，強勢股也會補跌的，它補跌時甚至會砍到跌停板，風險極大。要想避險，只有先搞清楚這個強勢股的結構，是天長地久、由長線主力著墨的呢？還是隔日沖大戶的「一夜情」行為？能有此自覺，就不會因「所遇非人」而怨天尤人了！

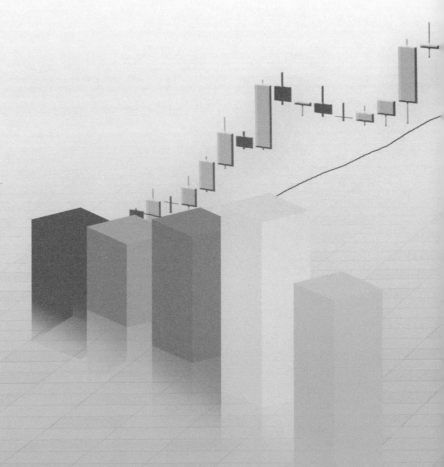

Chapter 2

避險策略02：
分析師報告，
查買賣紀錄。

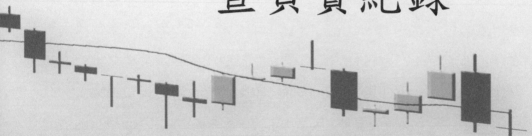

　　台灣的市場以散戶的比重居多，而散戶多半是缺乏對基本面的判斷，也沒有時間研究技術面，甚至是沒有時間看盤的上班族，所以投資通常只能以消息面為主。其中最具影響力的「外資」法人動態，應該是散戶最關心的。因為在三大法人中，外資的錢最多，而且他們看中的股票會一直買、一直買；看壞的股票會一直賣、一直賣，不像投信、自營商那麼變化多端，也比較好跟進。

　　然而，外資在台灣股市扮演的角色，卻受到分析師的影響很大。分析師是投資人和上市公司之間的重要橋樑，他們對於企業及產業有著深入的了解，同時也有能力比較全球整體產業脈動及趨勢，一方面幫企業定位，一方面也可以幫投資人做出比較宏觀的投資建議。

　　但是，外資分析師的報告是公開的，而股市的原理卻是「知道的人多了就不靈了」、「消息傳播有其策略的運用功能」，特別的是，明星外資分析師所扮演的角色動見觀瞻，他們的資訊有時並非真正造福散戶的，甚至是不利散戶跟進的。因為外資分析研究部門和業務部門之間，有時很難界定。有時為了策略性運用，將會發現他們「說」的是一套，「做」的又是另外一套。

　　有個股市運作的寓言，足以說明這個市場處處陷阱，處處騙局：

從前有一個到處都是猴子的地方，一名男子出現向村民宣布，他將以每隻十元的價錢購買猴子。村民了解附近有很多猴子，他們走進森林開始抓猴子。

該名男子花了數千美元購買每隻十塊錢的猴子，猴子數量開始減少，村民們越來越難抓到，因此他們不再熱衷了。

該名男子隨後宣布，他將出價每隻猴子 20 美元。這又讓村民們重新開始努力抓猴子。但很快供應量更為減少，他們幾乎很難再抓到了，因此人們開始回到自己的農場，淡忘了抓猴子這件事。

該名男子增加價格到每隻 25 美元，但是猴子的供應變得更稀少，再怎麼努力都很難見到一隻猴子，更別談抓猴子了。

該名男子現在宣布，每隻猴子他出價 50 美元！然而從這時候他離開了，去城裡辦一些事務，現在他的助手代表他繼續從事購買猴子的業務。

這名男子離開後，助理告訴村民，瞧瞧該名男子購買在大籠子裡的這些猴子，我每隻用 35 美元賣給你們，等該名男子從城裡回來，你們可以將它們每隻 50 美元賣給他。

村民們匯集了所有的積蓄，購買了全部的猴子。

他們從此再也沒有見到這名男子和他的助理了。

村子裡又再次變成到處都是猴子的地方。

　　聽完了這個故事，現在你該可以更進一步了解，股票市場是有其陰暗面了吧？開完一場公開說明會之後，您發現說明會中主講者的話有些不對勁的時候，會忽然發現似乎事過境遷，就好像「村民們從此再也沒有見到這名男子和他的助理了」。

02　華寶由紅翻黑，原是某外資下的毒手

　　根據 2013 年 5 月 15 日的報紙新聞，美商 ×× 在當天說，華寶雖然首季每股虧損 0.29 元，虧損幅度高於預期，但他們相當看好本季來自 Sony、Nokia 的訂單加持，加上有個人電腦 OEM 訂單的貢獻，有助產品組合朝多元化發展，建構雙產品的生產平台策略，並有機會為獲利再添動能，因此給予「買進」評等，更將目標價由 45 元調升到 57 元。

　　當天的華寶，平盤價是 43.4 元，距離分析師前一次公開發表的「目標價」45 元，只差 1.6 元。看來分析師不說說「利多」，外資本身如何「出貨」呢？果然當天的盤中，股價剛好來到 45 元，就是峰頂了。真是絲毫不差！

　　2013 年 5 月 15 日前半場，確實因新聞的報導影響，股價一直向上攻堅，直抵 45 元。不料，下半場卻由紅翻黑。股價被打到 42.6 元收盤！

　　這是怎麼回事呢？

　　根據我們從籌碼面調查結果，卻發現：原來當天「華寶」後半場的重挫，全是該美商外資公司自己下的「毒手」（就多頭來說）！

　　事實顯示，該一美商外資公司當天總共大賣 2,829 張「華寶」，

卻只買進 174 張，實際賣超是 2,655 張，佔成交比重 6.86%。

這又是外資利用記者出貨的一大鐵證！

圖 2-01 是「華寶」（8078）在 2013 年 5 月 15 日的「分時走勢圖」。從這張圖，我們可以看到它在早上 10 時半左右，最高來到 45 元，卻有點「價量背離」的現象了──只成交 92 張，於是不久股價開始往下滑落，直到收盤時，股價已遭打到 42.6 元了！

我們再看圖 2-02，從「華寶」2013 年 5 月 15 日的盤後，看其日線圖，可以發現當天的華寶呈現的是「流星」線型，有著長長的上影線，顯示當天的賣壓沈重。那麼，賣壓是來自何方呢？

圖 2-01 華寶 2013 年 5 月 15 日分時走勢圖 （圖片資料來源：XQ 全球贏家）

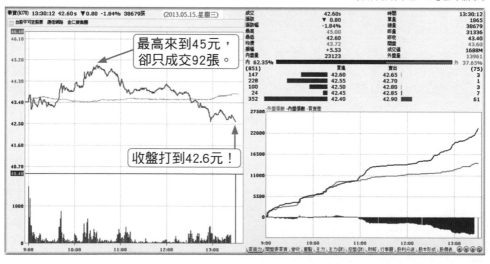

答案是：該美商外資公司倒貨，加上幾位隔日沖大戶也同時賣出的結果！

從籌碼的呈現，該美商外資公司根本很難自圓其說了！筆者研究了一下該公司的籌碼，他們從 2013 年 4 月 11 日介入「華寶」以來，至 2013 年 5 月 15 日的股票庫存量已有 13,972 張，賣掉 3,210 張之後，是否還準備繼續賣他們剩下的 10,761 張？這才是攸關未來「華寶」行情走勢的最重要關鍵因素。

除了美商×× 之外，還有「富邦××」、「凱基××」、「統一××」、「元大寶來××××」等隔日沖大戶也在空方的行列中。

圖 2-02　華寶 2013 年 5 月 15 日的日線圖　　（圖片資料來源：XQ 全球贏家）

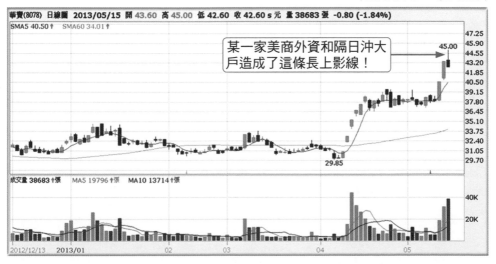

從圖 2-03 及圖 2-04 可以看出，該美商外資公司在 2013 年 4 月 11、12 日有明顯大買進的動作（兩天之內就買了一萬多張「華寶」），到了 5 月 15 日到達「目標價」45 元之後，便開始調高目標價（57 元）開始出貨。光是一天之內賣掉 2,655 張的股票，就已經造成 6.53％的個股振幅了，如果一次把 4 月 11 日以來的股票全賣出，股價肯定是跌停板了！所以，外資不調高「目標價」如何賣到好價錢呢？

如果這樣的說法「合情合理」，那麼承接股票的散戶豈不冤枉？現在您就懂外資分析師為什麼「必須」說謊了吧！

外資分析師的故事，使人想起一個笑話：

兩隻烏龜在田裡一動也不動。

專家問老農，這兩隻烏龜在幹嘛？

老農：「它們在比耐力，誰先動誰就輸。」

專家指著龜殼上有甲骨文的龜說：「據我多年研究，這只龜已死五千多年了。」

這時，另一隻龜伸出頭說：「靠！死了也不說一聲，害老子在這乾等！」

剛說完話，帶甲骨文的烏龜說話了：「你輸了吧！靠，專家的話你也信！」

圖 2-03 　某美商外資公司對「華寶」（8078）一股的進出時點。

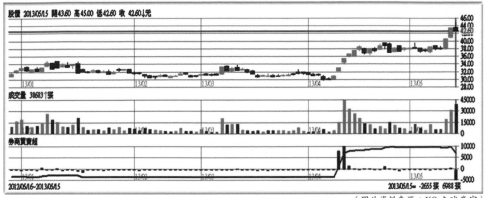

（圖片資料來源：XQ 全球贏家）

圖 2-04 　某美商外資公司在「華寶」（8078）一股的買賣日期及數
量。

日期	買進	賣出	買賣總額	差額	差額佔成交比重
2013/05/15	174	2,829	3,003	-2,655	6.86%
2013/05/14	304	10	314	294	0.94%
2013/05/13	3	32	35	-29	0.15%
2013/05/08	0	95	95	-95	0.84%
2013/04/29	29	237	266	-208	3.02%
2013/04/25	200	7	207	193	1.33%
2013/04/24	828	0	828	828	12.81%
2013/04/19	227	0	227	227	1.96%
2013/04/18	189	0	189	189	1.42%
2013/04/17	1	0	1	1	0.00%
2013/04/16	236	0	236	236	0.89%
2013/04/15	910	0	910	910	2.81%
2013/04/12	6,034	0	6,034	6,034	13.58%
2013/04/11	4,837	0	4,837	4,837	32.09%
區間累計	13,972	3,210	17,182	10,761	
平均成本	34.98	42.59			

▶ *Point* **03** 義隆，到底還有多大能耐？

現在，我們再來看看另一檔股票「義隆」（2458）。這也是一檔筆者相當熟悉的個股，在今年（2013年）年初時是非常熱門的話題。報章雜誌有志一同地提到：「大螢幕」，將成為2013年科技新品的流行關鍵字。那時，有三大族群是當時的熱門股：

一、螢幕驅動 IC ──聯詠 (3034) 營收將增一成，旭曜 (3545) 受關注

螢幕驅動 IC(積體電路)族群，將是「大螢幕」潮流中最直接的受益者。

液晶螢幕的原理，就像國慶時動員學生排出的字幕，由每個學生翻動字牌而組成畫面；在電視或手機螢幕上，每一顆畫素都是由螢幕驅動 IC 控制，螢幕越大，就代表需要更多或更高階的驅動 IC。台灣正是全世界螢幕驅動 IC 最大供應地，聯詠和旭曜是螢幕驅動 IC 族群最值得注意的兩家公司。

二、千萬畫素相機模組──大立光 (3008) 技術居前段班。

在臉書(Facebook)等社群網站推動下，手機上傳高畫質影片將成

為趨勢；螢幕變大後，為了拍出清晰的影片，手機安裝的相機模組，解析度主流會從現在八百萬畫素，跳升到一千二百萬畫素。依現況估計，2013 年許多大尺寸的手機上會安裝超過千萬畫素的相機模組，但是，這麼高解析度的相機模組產量有限，大立光是少數有能力生產的廠商。

三、觸控 IC ── 義隆 (2458) 淨利年增二‧六倍

大螢幕手機幾乎都是智慧型觸控手機，螢幕變大，代表控制觸控螢幕的觸控 IC 要處理更多資料，手機需要更高階的觸控 IC。CES 還沒開跑，台灣的觸控 IC 大廠義隆電子營收早已經跟著漲了一波。

義隆是全世界第二大觸控 IC 設計公司，2012 年大尺寸觸控螢幕開始流行，義隆營收快速增加，2012 年第三季和 2011 年同期相比，義隆的營收成長 54％，同一季稅後淨利更增加 261％。義隆 2013 年在大尺寸手機和 Win 8 平板電腦帶動下，營收和獲利仍將持續成長。

那時，根據財務專家預估，義隆 2013 年每股盈餘可達 3.57 元。專家更指出，股價回到 45 元以下時可買進。

以上所說的股票，確如大家所預期的，後來都有很好的表現。惟獨「義隆」在新聞見報之後，就看不到「45 元以下」了，股價真是節節高升，一路上揚不回頭，直到 80 元才停頓下來。

圖 2-05　義隆（2458）的日線圖。

（圖片資料來源：XQ 全球贏家）

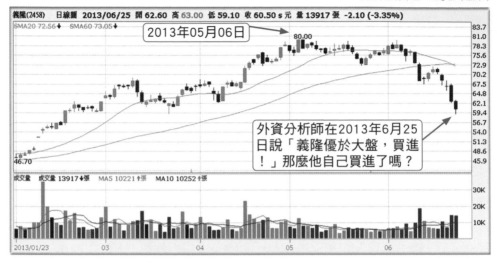

義隆(2458)　日線圖　2013/06/25　開 62.60　高 63.00　低 59.10　收 60.50 s 元　量 13917 張　-2.10 (-3.35%)

SMA20 72.56↓　SMA60 73.05↓

2013年05月06日

80.00

外資分析師在2013年6月25
日說「義隆優於大盤，買進
！」那麼他自己買進了嗎？

46.70

成交量　成交量 13917↓張　MA5 10221↑張　MA10 10252↑張

圖 2-06　在義隆來到 80 元高點時，大盤還有更高點可期。

加權指數(TSE)　日線圖　2013/06/25　開 7750.34　高 7792.27　低 7663.23　收 7663.23 s 點　量 939.48 億　-94.80 (-1.22%)

SMA20 8057.77↓　SMA60 8061.70↓

2013年05月06日
大盤收8169點

8439.15

7663.23

成交量　成交量 939.48↑億　MA5 890.06↑億　MA10 800.44↑億

（圖片資料來源：XQ 全球贏家）

問題不在於「義隆」有多好，而在於分析師的報告有多糟。據一位外資分析師在上一次「義隆」股價還低時的「機構評等」中，把它列為「遜於大盤表現」；而在這次股價已高之後的下跌中，還反向宣傳。

　　該外資分析師在 2013 年 6 月 25 日這次「機構評等」中發表報告說：「義隆（2458）的表現優於大盤，買進！」他們提出的目標價是 95 元。而這一天，「義隆」的股價是 60.5 元。

　　這位港商分析師在「義隆」從股價 80 元盤跌到 60.5 元（跌幅 24.37%）的情況下，還說「優於大盤」，會不會弄錯了？

　　筆者查了一下，「義隆」登上 80 元這天是 2013 年 5 月 6 日。這一天之後，我們天天「實戰」的股友們應該就可以發現它的步履蹣跚了。在 75 ～ 79 元之間，可以發現它上上下下掙扎很久，就是攻不過 80 元大關。盤整再盤整，後來更隨著大盤的下墜而跟著下來了。同年 6 月 13 日，它甚至以 68.4 元跌停價收場；6 月 24 日也差一點跌停；6 月 25 日終於滾落到 60.5 元，股價幾乎跌掉了四分之一，那麼是否「優於大盤」呢？

　　我們就以大盤的 2013 年 5 月 6 日～ 2013 年 6 月 25 日來做比較吧！2013 年 5 月 6 日的加權指數是 8169.05 點，2013 年 6 月 25 日的大盤加權指數是 7663.23 點，跌幅不過是 6.19%。

同一個時段裡，「義隆」的跌幅是 24.37％，而大盤加權指數的跌幅是 6.19％。到底是誰優於誰呢？

　　這還不是我們的問題所在，我們重要的是得審視一下他們的報告是否有益。既然要求客戶「買進」了，那麼他們自己買了沒有？

　　根據筆者針對該外資在券商的進出籌碼中發現，在最近十日內都沒有買賣的資料。倒是有兩筆較大的交易紀錄：

❶ 2013 年 4 月 1 日買「義隆」1586 張，均價 68.64 元。

❷ 2013 年 4 月 26 日買「義隆」1705 張，均價 74.33 元。

圖 2-07　　外資分析師喊盤在低點。 　　　　　　　　（圖片資料來源：XQ 全球贏家）

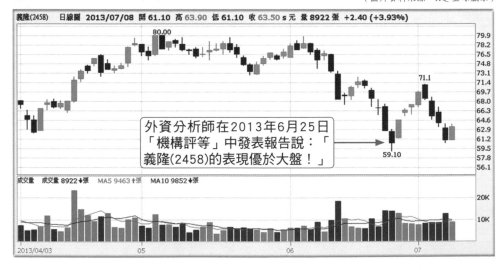

哦，原來被套住了！因為 6 月 25 日股價已經跌到 60.05 元了，難怪呼籲大家「買進」！這也是解套的妙法？

好吧，就算是買高了吧，也不算什麼罪過，誰沒被套牢過！然而，我們再看看他們近期賣股票的最大量的兩筆資料吧：

❶ 2013 年 3 月 13 日賣「義隆」2484 張，均價 63.3 元。

❷ 2012 年 8 月 13 日賣「義隆」2606 張，均價 46.98 元。

既然目標價 95 元，難道以前就看得這麼壞嗎？低價賤賣，高價狂追，是不是錯誤呢？

但是，請見圖 2-07，外資分析師的「喊盤」確有一套，在 2013 年 6 月 25 日喊盤之後，「義隆」真的又攻了一波，終讓股價又衝到 71.1 元。但是，隨後又回跌到原點了！

義隆啊義隆，你到底還有多大能耐？還是外資說了算嗎？

04   旭曜很少跌，為何利多一來就跌

2013 年 6 月 25 日上午，還有一個訊息，也是來自外資發布的研究報告。

當天的新聞說，LCD 驅動 IC 廠旭曜 (3545) 近期踩上中國智慧型手機出貨放量的浪頭，業績蒸蒸日上，同時隨著產品組合改善，毛利率、營益率同現改善空間；一家有影響力的外資券商在最新出具的報告當中直指，旭曜正處於智慧型手機的多年成長期 (multi-year smartphone theme)，給予「買進」評等，目標價並從先前的 57.2 元一舉調升至 89 元。

該新聞還說，「去年開始，旭曜重返中國市場的策略已收長足成效，挾 WVGA、qHD、HD720 與 FHD 等完整產品線，成功卡位中國智慧型手機放量浪潮，目前智慧型手機出貨已佔旭曜營收比重達 70％左右，推升業績不斷走揚；累計今年前 5 月，旭曜營收為 39.46 億元，較去年同期大增 1.8 倍，宣告旭曜已經開始享受重返中國市場策略的甜美果實。」

問題仍然是：該外資自己買了嗎？經筆者從股票專業軟體去查證的結果，不但沒有，該外資法人當天在「買賣超」的數據中，還是空方陣營的第三名！發布利多消息為出貨作準備嗎？

「聽其言，還必須觀其行！」不然，消息多了，沒什麼意義。

圖 2-08　「旭曜」在外資宣布利多後的股價下跌情形。

（圖片資料來源：XQ 全球贏家）

　　依筆者觀察，「旭曜」這檔股票一直是投信基金加碼的對象，難怪從它的日線圖來看，幾乎沒有重跌過。投信可說護盤得好好的。奇怪的是在這位外資分析師「勸進」之後，收盤卻跌了 4.84％，可說是該股一直以來罕見的跌幅啊！這意味著什麼呢？

　　關於「旭曜」的資料經筆者發現有以上的結果之外，經過數週，筆者繼續研究這檔股票的發展，赫然發現有了新的變化。雖然「旭曜」後來從「基金加碼股」中脫離而出，可是它的股價又悄悄上攻了。

請看「旭曜」在外資宣布利多後，不到兩週，股價又悄悄往上了。

圖 2-09 是 2013 年 7 月 9 日的日線圖：

圖 2-09 　「旭曜」2013 年 7 月 9 日的日線圖　（圖片資料來源：XQ 全球贏家）

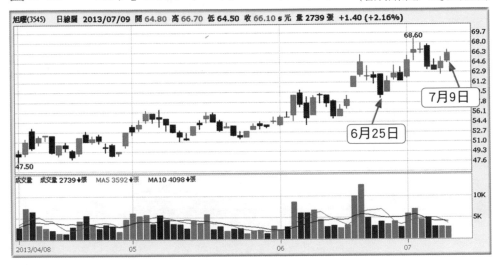

圖 2-10 　三大法人在「旭曜」（3545）的買賣進出實況。

日期	外資買賣超	投信買賣超	自營商買賣超	三大法人合計買賣超	外資估計持股	投信估計持股	自營商估計持股	三大法人合計估計持股	外資持股比重	三大法人持股比重
2013/07/08	263	257	-61	459	13,236	33,386	355	46,977	9.51%	33.78%
2013/07/05	-381	-280	-46	-707	12,974	33,129	416	46,519	9.32%	33.44%
2013/07/04	-816	-3	-85	-904	13,355	33,409	462	47,226	9.59%	33.95%
2013/07/03	321	112	-100	333	14,170	33,412	547	48,129	10.18%	34.60%
2013/07/02	125	425	306	856	13,902	33,300	647	47,849	9.99%	34.46%
2013/07/01	366	191	31	588	13,827	32,875	341	47,043	9.93%	33.87%
2013/06/28	83	548	-133	498	13,497	32,684	310	46,491	9.70%	33.48%
2013/06/27	-158	295	-116	21	13,455	32,136	443	46,034	9.67%	33.16%
2013/06/26	210	519	-71	658	13,613	31,841	559	46,013	9.78%	33.14%
2013/06/25	-677	-244	-20	-941	13,403	31,322	630	45,355	9.63%	32.66%
合計買賣超	-664	1,820	-295	861						

（圖片資料來源：XQ 全球贏家）

然而，攤開三大法人的買賣超來看，外資分析師的報告出爐以後，外資本身是有賣超的現象，然而當投資人失去信心時，他們又開始操作這檔股票了，所以從這樣的股價表現，可見外資分析師的報告有時是「短空長多」的，否則股價從此一蹶不振，誰還敢信他們？他們又如何長久立足於台股的天地之間？

　　「報告」不是沒用，也不是全然欺騙的。他們帶給投資人的啟示就是：盡信書，不如無書。一定要學會如何看待外資的報告書？如何根據他們對產業面的了解，進一步去接觸相關的資訊，也同時更應該好好去追蹤一下籌碼的變化。

▶Point 05 追蹤外資流向，比專注個股變化重要

其實，我們對外資的期望不該是：他們說什麼股票會漲，就真的非漲不可！誠如上面所說，也許是先「洗洗盤」再攻，也不一定。

我們必須知道，外資的特點是：宏觀。

這是他們值得學習的優點。對於外資分析師的推薦，不能如此短視。因為外資的資金部位是非常龐大的，跟著外資進出，就得和他們一樣擁有宏觀的視角。不要只盯著一兩天的買賣超，那是沒有太大意義的。另外有一點，就是要看他們買的「金額」，而不是「數量」。因為也許股價有的很高，看起來似乎買的張數不多，可是金額卻很大。到底是「金額大」重要呢，還是「張數多」重要，您只要自己想一想就知道了。

此外，外資並不是只買台股，所以如果由於季節的不同、地域的不同、市場的不同，而有需要調整一下持股的比例，那也是一種考量；如果台股比另一個市場漲得較多了，導致佔了投資組合比例過高，那麼他們勢必賣出部分台股作為調節。這並不見得就是外資「看空」或「看衰」台股的訊號。

但是，請看圖 2-11，外資的「重倉股」是很重要的。所謂「重倉股」，就是外資重重壓寶的股票。圖 2-10 的採樣是 2013 年 5 月

27 日到 7 月 8 日的外資買賣超金額排行榜，這是最近 30 日的採樣，
其影響力是很顯著的。

圖 2-11-1　外資 2013 年 5 月 27 日到 7 月 8 日的「重倉股 - 賣超」

名次	股票名稱	買進	賣出	賣超張數	賣超金額⬇	收盤價	漲跌
	賣超						
1	□華碩(2357)	44,576	118,210	-73,634	-20,843,116	259.00	-5.00
2	□宏達電(2498)	46,854	131,997	-85,143	-20,235,775	189.00	-14.00
3	□鴻海(2317)	289,089	547,560	-258,471	-19,168,103	73.40	-1.20
4	□台積電(2330)	639,864	819,521	-179,658	-19,000,944	105.00	-4.00
5	□F-TPK(3673)	32,395	55,050	-22,655	-10,511,226	365.50	-26.00
6	□台灣50(0050)	20,174	144,729	-124,555	-6,773,457	55.00	-1.05
7	□聯發科(2454)	107,675	125,003	-17,328	-5,646,310	349.00	3.50
8	□台塑(1301)	76,023	151,766	-75,743	-5,238,867	70.50	-0.40
9	□中華電(2412)	84,195	124,711	-40,516	-3,872,575	98.70	-0.50
10	□中鋼(2002)	213,118	364,133	-151,015	-3,671,381	23.35	-0.30
11	□兆豐金(2886)	237,359	391,663	-154,304	-3,518,617	23.15	-0.15
12	□友達(2409)	555,426	836,280	-280,853	-3,216,207	10.35	-0.30
13	□F-中租(5871)	64,391	107,811	-43,420	-3,205,548	64.00	-3.00
14	□富邦金(2881)	314,020	397,811	-83,791	-3,127,404	37.40	-0.30
15	□正新(2105)	86,259	117,748	-31,488	-2,859,758	94.70	0.50
16	□台化(1326)	71,453	111,719	-40,265	-2,782,831	70.50	-0.70
17	□台泥(1101)	96,294	171,536	-75,242	-2,694,056	36.15	-0.25
18	□南亞(1303)	133,994	178,954	-44,960	-2,651,529	57.70	-1.60
19	□緯創(3231)	102,079	185,097	-83,018	-2,467,996	28.00	-0.15
20	□大立光(3008)	7,377	10,013	-2,636	-2,445,985	920.00	-25.00

（圖片資料來源：XQ 全球贏家）

圖 2-11-2　外資 2013 年 5 月 27 日到 7 月 8 日的「重倉股 - 買超」

		買超					
名次	股票名稱	買進	賣出	買超張數	買超金額⬆	收盤價	漲跌
1	☐ 國泰金(2882)	376,413	265,457	110,956	4,455,563	40.00	-0.20
2	☐ 可成(2474)	79,568	63,784	15,784	2,650,039	146.50	-5.50
3	☐ 玉山金(2884)	270,287	178,517	91,770	1,660,948	17.95	0.15
4	☐ 英業達(2356)	212,515	118,047	94,468	1,628,884	18.50	0.55
5	☐ 聚陽(1477)	23,264	12,141	11,123	1,589,298	172.00	-0.50
6	☐ 同欣電(6271)	12,673	2,309	10,364	1,465,480	155.00	0.00
7	☐ 建大(2106)	27,567	7,447	20,120	1,362,948	73.40	3.60
8	☐ 儒鴻(1476)	17,813	11,901	5,912	1,351,368	246.00	-3.00
9	☐ 統一超(2912)	31,240	24,612	6,628	1,263,368	208.50	6.50
10	☐ 矽品(2325)	234,928	203,011	31,917	1,226,119	36.95	-0.85
11	☐ 中信金(2891)	551,773	493,384	58,389	1,125,475	18.05	-0.05
12	☐ 華亞科(3474)	154,772	89,112	65,660	1,105,260	15.15	0.30
13	☐ 光寶科(2301)	115,338	94,064	21,274	1,087,256	51.70	-1.30
14	☐ 群聯(8299)	12,151	8,736	3,415	831,993	240.00	-5.00
15	☐ 台郡(6269)	14,786	7,896	6,890	768,478	106.50	4.50
16	☐ 世界(5347)	104,422	83,612	20,809	744,070	35.70	-0.15
17	☐ 東元(1504)	104,890	81,494	23,396	717,320	29.20	-0.80
18	☐ 景碩(3189)	27,773	21,382	6,391	715,616	112.50	-2.00
19	☐ 巨大(9921)	17,156	13,622	3,534	695,438	210.00	-1.00
20	☐ F-臻鼎(4958)	21,594	13,001	8,593	634,829	66.80	-0.20

（圖片資料來源：XQ 全球贏家）

　　在這份排行榜的賣超第一名「華碩」（2357）遭到什麼樣的命運呢？它在 2013 年 5 月 27 日的收盤價是 345 元，到了 2013 年 7

月 3 日就來到 251.5 元的低點，跌幅是 27.1%，相當的驚人。

在這份排行榜的賣超第二名「宏達電」（2498）遭到什麼樣的命運呢？它在 2013 年 5 月 27 日的收盤價是 279.5 元，到了 2013 年 7 月 9 日就來到 181.5 元的低點，跌幅是 35.06%，非常的慘烈。

在這份排行榜的賣超第三名「鴻海」（2317）遭到什麼樣的命運呢？它在 2013 年 5 月 27 日的收盤價是 77.3 元，到了 2013 年 6 月 21 日就來到 68.8 元的低點，跌幅是 10.99%，後來因為有些利多就反彈了，但也是弱勢反彈。

圖 2-12　近期外資賣超第一名「華碩」的跌幅是 27.1%。

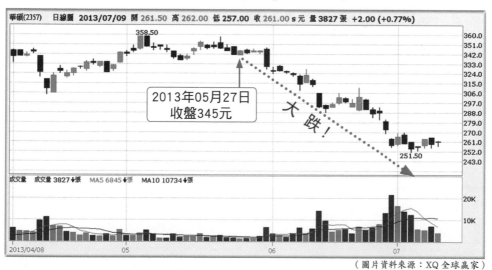

（圖片資料來源：XQ 全球贏家）

圖 2-13 近期外資賣超第二名「宏達電」的跌幅是 35.06%

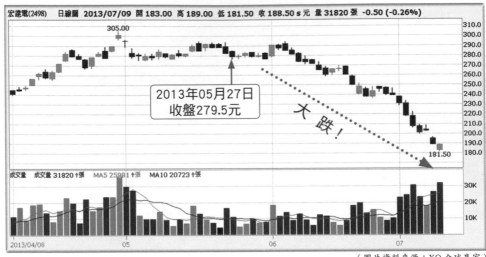

2013年05月27日
收盤279.5元

大跌!

（圖片資料來源：XQ 全球贏家）

圖 2-14 近期外資賣超第三名「鴻海」的跌幅是 10.99%。

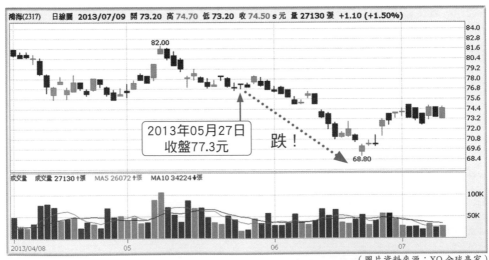

2013年05月27日
收盤77.3元

跌！

（圖片資料來源：XQ 全球贏家）

▶ Point *06* 外資重壓股，下跌趨勢的中流砥柱

2013 年 5 月 27 日到 7 月 8 日的外資買賣超金額排行榜，在賣超方面的影響力如此大，或許有人說，這個期間大盤是向下的趨勢，當然是雪上加霜了。那麼，我們就來看看「外資買賣超金額排行榜」的買超前三名結果如何吧！

在這份排行榜的買超第一名「國泰金」（2882）遭到什麼樣的命運呢？它在 2013 年 5 月 27 日的收盤價是 39.65 元，到了 2013 年 7 月 9 日就來到 41.9 元的高點，漲幅是 5.67%。

在這份排行榜的買超第二名「可成」（2474）遭到什麼樣的命運呢？它在 2013 年 5 月 27 日的收盤價是 161 元，雖然到了 2013 年 5 月 31 日就來到 169 元的高點，但好景不常，隨著大盤的向下趨勢，到了 2013 年 7 月 9 日，反而跌到 145.5 元了，跌幅是 9.62%。

在這份排行榜的買超第三名「玉山金」（2884）遭到什麼樣的命運呢？它在 2013 年 5 月 27 日的收盤價是 17.7 元，到了 2013 年 5 月 31 日就來到 18.5 元的高點，但好景不常，隨著大盤的向下趨勢，到了 2013 年 7 月 9 日，股價已變成 18.1 元了，漲幅只有 2.26%。

在跌勢中，逆勢不跌的股票就算「中流砥柱」了。

圖 2-15 近期外資買超第一名「國泰金」的漲幅是 5.67%

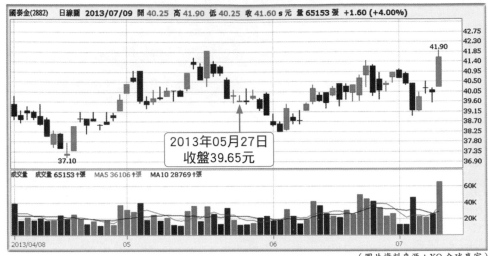

2013年05月27日
收盤39.65元

（圖片資料來源：XQ 全球贏家）

圖 2-16 近期外資買超第二名「可成」的漲幅是－ 5.67%。

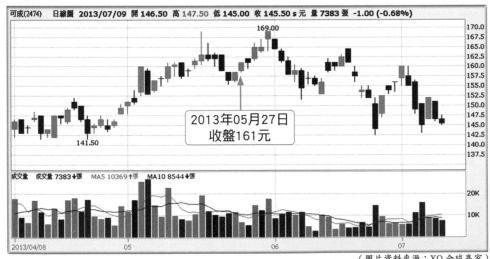

2013年05月27日
收盤161元

（圖片資料來源：XQ 全球贏家）

圖 2-17　近期外資買超第三名「玉山金」的漲幅是 2.26％

（圖片資料來源：XQ 全球贏家）

▶Point *07* 跟進外資有訣竅，連續買超是個寶

　　經過筆者如此驗證之後，外資大買大賣的股票確實影響深遠。但是，站在比較「投機」的角度，我們不得不承認「漲時重勢，跌時重質」，這就好比研究基本面的人在多頭市場時，應看「本益比」；在空頭市場時，要優先看「股價淨值比」。

　　對於「跟進外資」的技巧，我們可以得到如下的結論：

一、在跌勢中，優先看外資的「賣超」排行榜。

　　外資操作台股的手法，一向是「集中火力猛攻」，用非常龐大的金額連續砸向部分個股，當者披靡。從以上的「驗證」，我們發現：若趨勢是向上的，就看「近一個月來的買超」；如果趨勢是向下的，看「近一個月來的賣超」，就知道個股所以漲跌的關鍵因素。

　　原本外資的「賣超」，也都是隨著利空而來做動作的，但是一旦市場發布利空，還是小散戶比較吃香，因為幾張股票說殺就殺，輕而易舉；但外資的動作就沒那麼靈活了。一旦碰到外資大賣特賣的股票，就肯定是「有鬼」了，因為等到外資在大舉出脫股票時都已經有些落後了，那麼，手上若有股票當然更要賣了。凡是外資大賣的股票，千萬不要去考慮價格高低，因為你不會比外資更高明的。最好由他們說

了算。一位民間高手告訴我，他有個朋友曾把「宏達電」股票從 500 元做到 1000 多元後賣掉，這是他得意的一次戰役，不料當股價跌到 300 元就接棒了，因為「實在太便宜」了，但股價現在卻跌到 181 元。您能說外資是錯誤的嗎？「不識時務」是投資股票的一大盲點。股價要跌，一定有各方面的理由，其中外資的看法，實在不可忽視。

二、在漲勢中，優先看外資的「連續買超」排行榜。

　　股市操盤最重要的是「先見之明」。雖然我們用一個月的「參數」來彰顯一檔股票所受到的影響力，但是真正在使用時，一定要選擇較短期間的「連續買超」，因為一旦大漲過了或大跌過了，再漲再跌的幅度就有限了。這和易經的「樂極生悲」、「否極泰來」以及莊子的「虛己以遊世，無用以免害」的哲學道理，是很接近的。當您發現有某一檔股票「連續買超」時就應加以鎖定，並在研究沒有其他問題之後，就要立刻介入，才不會慢了半拍。

　　我們來看看圖 2-18，這是外資在大盤下跌趨勢中逆勢連續買超 12 天的股票──「英業達」（2356），它在 2013 年 6 月 24 日的開盤價是 14.45 元（收盤價是 14.85 元），從本日起，外資連續「量大、集中」式的進行「連續大買超」（見圖 2-18），總共在 12 天（2013 年 6 月 24 日～7 月 9 日）內買了 104,089 張「英業達」（2356）股票。

買了一萬多張股票，造成什麼樣的結果呢？用 6 月 24 日的開盤價 14.45 元計算到 7 月 9 日的收盤價 18.6 元，漲幅是 28.72％。這樣的成績，是不是比「近一個月買超第一名的國泰金」好很多呢！

若不擅於放空，在跌勢中看外資賣超排行榜並沒有多少助益，那麼可以注意「連續買超」的數據。這一點小小的心得，提供您作參考。

在各種媒體或股票專業軟體上，我們常常看到外資機構的「評等」。大致上包括「強力買進」（Strong Buy）、「買進」（Buy）、「持有」（Hold）、「賣出」（Sell）。其實這些外資券商的標準可能並不一致，很難比較。最可靠而沒有風險的做法是：讓它與當事人自己的評等比較。也就是說，同一位分析師上一次評等與本次的評等作比較。變化較大的（例如一次跳升或調降兩級、三級等等），應多注意。

其次，股價的位置與大盤的立足點也有很大的關係。例如多頭市場時，出現「中立」、「持有」等字眼，其實還是很弱勢的推薦用語，不宜重視；如果空頭時期，出現「賣出」訊號，也不見得是「看空」的絕對值；即使降等，也是順勢而下。如果景氣改善時，它仍有東山再起的機會。

總而言之，為了避開跟進外資分析師建議書的風險，要「聽其言而觀其行」。與其無條件聽從，不如直接查閱外資券商的買賣進出資料，再按照本章所述的要訣去作抉擇，這就是最保險的了。

圖 2-18　外資連續 12 天買超的「英樂達」每日買超數量龐大。

日期	外資 買賣超	投信 買賣超	自營商 買賣超	三大法人 合計買賣超	外資 估計持股	投信 估計持股	自營商 估計持股	三大法人 合計估計持股	外資 持股比重	三大法人 持股比重
2013/07/09	3,723	150	122	3,995	910,340	19,378	2,212	931,930	25.37%	25.97%
2013/07/08	10,287	-133	447	10,601	906,617	19,228	2,090	927,935	25.27%	25.86%
2013/07/05	4,110	88	80	4,278	896,677	19,361	1,643	917,681	24.99%	25.58%
2013/07/04	11,878	-106	165	11,937	892,567	19,273	1,563	913,403	24.88%	25.46%
2013/07/03	7,980	-150	97	7,927	880,689	19,379	1,398	901,466	24.54%	25.12%
2013/07/02	8,093	581	-133	8,541	872,709	19,529	1,301	893,539	24.24%	24.90%
2013/07/01	6,033	-929	154	5,258	864,653	18,948	1,434	885,035	24.10%	24.67%
2013/06/28	7,156	-4,784	-54	2,318	859,270	19,877	1,280	880,427	23.95%	24.54%
2013/06/27	11,090	-421	131	10,800	854,694	24,661	1,334	880,689	23.82%	24.54%
2013/06/26	17,624	1,558	61	19,243	843,758	25,082	1,203	870,043	23.51%	24.24%
2013/06/25	9,956	280	42	10,278	828,271	23,524	1,142	852,937	23.08%	23.77%
2013/06/24	6,159	1,011	-303	6,867	818,298	23,244	1,100	842,642	22.80%	23.48%
2013/06/21	-2,444	3	-18	-2,459	812,049	22,233	1,403	835,685	22.63%	23.29%
2013/06/20	-1,475	0	249	-1,226	814,477	22,230	1,421	838,128	22.70%	23.36%
2013/06/19	-3,039	1,104	208	-1,727	815,952	22,230	1,172	839,354	22.74%	23.39%
2013/06/18	-3,119	1,139	-9	-1,989	818,574	21,126	964	840,664	22.81%	23.43%
2013/06/17	-3,761	1,490	-4	-2,275	821,493	19,987	973	842,453	22.89%	23.47%

（圖片資料來源：XQ 全球贏家）

圖 2-19　外資連續大買超的「英樂達」漲幅近三成。

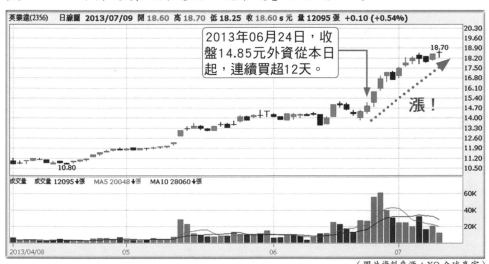

（圖片資料來源：XQ 全球贏家）

投資智典系列

台指期貨、台股短線、當沖者賺錢的寶典

一天內多次交易該如何看線圖呢？
除了分鐘線之外，你還需要設定相關技術線與計算獲利機率。本系列採全圖解
說明，想要在超短線交易中立於不敗之地，是不容錯過的精彩好書。

股票獲利智典① 技術面篇
定價：199元

作者：方天龍

股票獲利智典② 股價圖篇
定價：199元

作者：新米太郎

股票獲利智典③ 1日內交易篇
定價：199元

作者：新米太郎

【恆兆文化】
圖書資訊網址：http://www.book2000.com.tw
這裡刷卡買書：http://www.pcstore.com.tw/book2000/

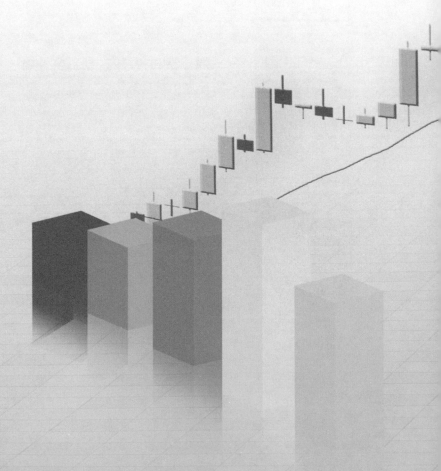

Chapter ③

避險策略03：
投資比例小，
功力增三分。

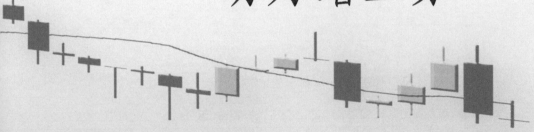

▶ Point 01 「豪賭」利基在「實力」上

你喜歡投資股票嗎？看本書的人，大家的回答可能都一樣。但是，如果問「你的賭性堅強嗎？」那答案就不一定了。同樣想賺錢，有的人敢衝敢拚，卻可能在沒多久就把三兩百萬的資金賠光了；有的人則非常冷靜，沒有十足把握絕不出手。每個人的投資個性都不太一樣。

> 西元 960 年，正月初一，後周都城汴京城內。正當滿朝文武大臣在朝堂之上向皇帝柴宗訓、皇太后符氏拜賀新春佳節之際，忽然傳來一紙緊急軍書，說北方數萬遼軍正在來犯，請求朝廷速發大軍救援。
>
> 當時的皇帝柴宗訓是一個僅僅七歲的幼童，皇太后符氏則是一位二十出頭、入宮還不到半年的年輕女子，哪裡有辦法處理這種軍國大事？於是，幾名大臣一商量，便命趙匡胤率軍前往迎擊。
>
> 大軍出發前，街頭巷尾議論紛紛，並傳說要擁護「都點檢」為天子。「都點檢」實際上就是全國軍隊的統領，是大臣中握有軍權、最具實力的人物，而此時擔任都點撿的，正

086　方天龍實戰秘笈⑤：7個避險策略，決定你 98%的暴富成功率

是趙匡胤。

大軍在正月初三出發，剛出汴京城不遠，一位以善觀天象著稱的軍吏忽然指著天空說：「太陽下面，又多出了一個太陽。古人說：『天無二日，民無二主。』現在既然天有二日，那麼，人世間也應當有兩位皇帝了。」

當晚，大軍駐紮在距汴京城四百餘里的陳橋驛。將士們紛紛鼓噪著說：「皇上幼小，我們出生入死、打仗破敵，誰知道我們的功勞？不如擁戴都點檢為天子，然後北征吧！」他們說著說著，就拿著兵器湧入趙匡胤的大營，將一襲早已預備好了的黃袍披在趙匡胤身上。

於是，趙匡胤既不謙讓，也不北征，反而率師返回汴京，逼迫皇帝退位。幼童皇帝和皇太后小女子，只好乖乖地讓出帝位。

趙匡胤就這樣成了大宋王朝的開國皇帝。

　　複習了這段「趙匡胤黃袍加身」的歷史故事，我們是不是得到了一個啟示：改朝換代是一件大事，是一場成王敗寇的豪賭。很少有人願意把到手的權力拱讓他人，但 7 歲的小皇帝和 20 歲的小皇太后，在迎接這場豪賭的時候，哪裡是對手呢？縱然古代有君權神授的鬼話

撐腰，但面對趙匡胤的雄兵，這對可憐的孤兒寡母本身就是一場「實力不對稱」的交鋒，只有被迫交出權柄，美其名曰「禪位」。

有的人天生就有一種賭性，在性命交關的時候，敢於放手一搏。在這種情況下，前進一步就是榮華富貴，後退一步就是粉身碎骨。歷史上不乏如此的豪賭之人，像公開篡位的王莽，就是一例；還有著名的呂不韋，千方百計把自己的親生骨肉送上了皇位（秦始皇）。這些歷史的賭徒們敢冒天下之大不韙，是自認為「實力」已足以抗衡一切。

是的，「豪賭」是建立在「實力」的基礎上面。您在從事投資時，有多少勝算呢？有沒有豪賭的勇氣不重要，有沒有豪賭的智慧才值得一提！

古代有一個范蠡，一個胡雪巖。他倆的故事也很傳奇。范蠡助越王勾踐打敗吳王夫差之後功成身退，由官轉商，短短數年經商致富──他憑藉的就是「智慧」的實力。而胡雪巖呢？剛好相反，他是先經商後才介入官場。胡雪巖空有「豪賭」的勇氣（挪用公款資助王有齡以取得將來的官場關係），卻沒有圓滿的結局，主要也是因為他後來的靠山被對手抽離了、變得「實力」大減，終於陰溝裡翻船。令人一嘆啊！

隨時檢視資金部位，才能避開風險

在投資股市的時候，我們也要記取歷史教訓，有「實力」的時候，不妨大膽投機一下，因為「高風險才有高報酬」；沒有「實力」的時候，最好先站穩馬步、臥薪嘗膽、枕戈待旦，千萬不要豪賭。講得比較具體明白一點就是：

一、沒有資金時，不要借錢來玩股票；有資金時也要注意「投資比例」的紀律。

二、沒有技術時，不要急著買賣股票；有技術時也要提防「處處陷阱」的盤面。

舉一個例子來說，今年（2013 年）3 月 12 日筆者以「群發信」公開回覆我的「建檔讀者」時，我對某一位讀者關心的「三陽」（2206），就是提出這樣的顧慮：

2013.03.12.回覆桃園縣一位特別關心「三陽」這檔股票的

╳ 先生：

您在信上說：「方老師：關於 2206(三陽) 這檔股票，它

從今年開始一直到現在，多方主力可以算是壓倒性的勝出，對於這種籌碼面多方幾乎遠遠勝出空方。請問這種股票是否還能介入呢？」

關於「三陽」這一檔股票，過年前我就玩過了，當它開始陷入盤整時，我就立刻殺出、沒再注意它了。「三陽」漲幅這麼大了，此刻您會思考「是否還能介入？」這樣的問題，應該是明智的。我覺得這要看您資金的配置如何。如果你買股票的投資比例很小，就不用愁，只要密切注意大盤走勢即可。大盤有危險時，你就迅速清光！

我是比較注意風險的操作者，所以昨天就把已經賺了太多次漲停的「隆達」賣掉；然而，有的人今天還繼續去搶漲停，可見每個人的風險尺度不同。我賣掉，並不意味就可以放空。我只是喜歡在強勢股有適度的休息之後，才再重新介入。如果您武功高強、持股又低，就不必害怕；如果股市新手或怕睡不好覺的人，最好學我轉到比較「低基期」的股票（賣隆達之後，換成金融股也照樣賺啊！）漲幅不大的股票，雖然比較不容易噴出，但萬一大盤翻臉時，也跌不深。

當時，筆者在信上也附上了「三陽」的日線圖（見圖3-01），並且在圖下還警示了一句「很多強勢股的漲幅都已經很大了」。

圖3-01　筆者在2013年3月11日於回覆讀者的信時附上的「三陽」
　　　　日線圖。
（圖片資料來源：XQ 全球贏家）

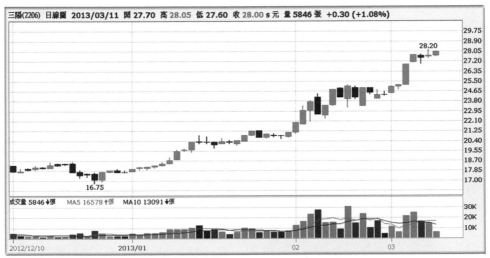

現在我們來回顧筆者在2013年3月11日回覆讀者的信，看當時我附上的這張「三陽」日線圖，股市新手確實不容易考慮到風險問題，因為圖3-01的線型是何其優美，左低右高、上檔沒有壓力；而且走勢穩健，一路向上，幾乎沒重跌過。難怪讀者非常想介入這檔股票。

筆者提示這樣的訊息，重點是指出：該不該繼續買某一檔飆股？除了技術面之外，通常還要看自己的資金狀況而定，因為那時我已感

受此股的風險，才向讀者提出警告，但我同時也表示：如果資金夠多、肯長抱而不必考慮「資金必須抽離他用」的人就不必擔心，因為這樣的線型，幾個月後再創新高的機會，一定有。就像筆者曾經在 2011 年 11 月 18 日向讀者推薦一檔「明牌」——「和泰車」（2207），我們從 140 元玩到 170 多元就收兵，誰知道它現在已經 400 多元了呢！（詳見拙著《你的選股夠犀利嗎？》，恆兆文化出版，洽詢電話：02-27369882）

但是，如果您的資金非常有限（或只是短期可以運用的資金），就很可能會被「短套」，甚至在受不了下跌的煎熬中被迫認賠。這就是投資股市必要的風險意識。

現在我們來驗證一下其後「三陽」（2206）的發展，可以發現，在筆者發信的當天（讀者收信日），股價是 29 元，兩天後來到波段的最高點 29.9 元，接下來就沒有好日子過了。如果您資金不多又不信邪，必得承受它在一周內跌到 23.5 元低點的「苦果」。我不曉得這位讀者現在看了這檔股票的走勢和當初問我時的感受是否一樣，但我早就把話說得很「宏觀」了。如果您的資金是閒錢又有長抱的打算，未嘗一定要賣股票。請看，2013 年 7 月 17 日它的股價不又來到 30.2 元了嗎？但是，如果您的資金「實力」不夠，願意作這樣長期的「豪賭」嗎？

在我看來，從29.9元到30.2元之間的「守株待兔」長達四個月，對於資金不多、急需賺錢的人來說，未免太長了。但是如果您的資金龐大，而又無法隨時穩穩摸清高低點，那可能就會在「不斷停損」中把資金都耗盡了。那還不如繼續長抱到解套為止！

所以說，資金配置的「紀律」，在筆者的經驗值裡，應該是人人不同的。因人而異、因「財」施教，才能對症下藥。

圖 3-02　　「三陽」在筆者提示風險（當時收盤29元）之後，曾經重跌到23.5元。
（圖片資料來源：XQ 全球贏家）

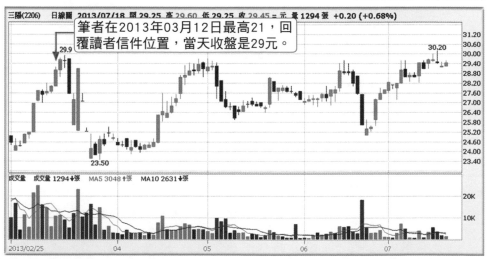

▶Point 03　漲幅已大，三連紅之後勿急跟進

　　筆者在書上曾經提示過，凡寫信來問問題的人，一定要把你認為「買進股票的理由」寫出來，筆者才願意解盤。這並非我需要看這些資訊，而只是想提醒你、引導你研判股票的「方法」（授人以漁）。因為我自己就常常寫報告給自己看。這一方面可以鞏固自己的信念，還可以檢視自己的錯誤，累積經驗。感謝大部分讀者的配合，筆者也從中看出買書的讀者不只是與我有緣，也都是很用功的。我堅信這樣的研究，必然能使技術精進！以下僅是一個真實的範例，目前我大部分讀者都是這樣用功的：

> 方老師你好～
>
> 某次的機緣我無意間在誠品書局，看到了老師的新書《你的選股夠犀利嗎？》，拜讀完老師的大作後，對於老師無私的教授感到非常訝異（世間居然有人把賺錢的工具公諸於世），於是回到家連忙買了老師整套「股票超入門」系列叢書，1個禮拜內我K完了老師的作品，深深感到功力有大幅的增加！哈～希望老師能把我加入建檔讀者群，讓我在思維模式上，能更精進，也能更貼近老師的想法。感

謝方老師在百忙之中，能夠撥空指導一二，學生不勝感激!!

老師，以下是我去年（2012年）5月8日發信請教老師的問題。到現在，我自己還是沒搞清楚，希望能聽聽老師的思維。

老師，您在股票超入門系列4的《當沖大王》一書裡，第六章有提到說飆股的選擇要挑至少連2紅的股票，漲幅要在6%以上。於是，我在2012年5月4日買進「世界」（5347），理由如下：

一、強勢連三紅

　　a 4/30 收 13.95 相對 4/29 收 13.50 漲了 3.3%

　　b 5/02 收 14.90 相對 4/30 收 13.95 漲了 6.37%

　　c 5/03 收 15.90 相對 5/02 收 14.90 漲了 6.71%

二、投信認養股（股票超入門系列10老師的著作《籌碼細節》）

我根據投信進出統計，發現它開始大舉進貨，直到今天（5月8日）還是買超 1000 張。

三、業績成長股

「世界先進」的EPS，法人估 Q 20.5 元、全年上看 1.4 元。

從以上的三個因素判斷，所以我在2012年5月4日買進「世

界」（5347）股票 5 張，價格是 16 元。結果，沒想到會

跌 ><" "

老師，您能不能跟我說一下，我是哪裡想錯了？哪個因素

環節沒有想到？

另外，還有我在 2012 年 5 月 4 日買進「上銀」（2049）

原因如下：

一、強勢連三紅

　　a 4/26 收 256 相對 4/27 收 259 漲了 1.17％

　　b 4/27 收 259 相對 4/30 收 277 漲了 6.94％

　　c 4/30 收 277 相對 5/02 收 296 漲了 6.85％

二、券資比過高（軋空行情）

我發現 2012 年 4 月 30 日後，券資比就已經超過 60％，而

且融券逐漸下降。

三、外資買超

外資從 2012 年 4 月 27 日就開始買進，我猜是因為上述 2

個因素在製造軋空行情。

基於以上兩個判斷因素，我就在 5 月 3 日買進「上銀」

（2049）1 張，價格是 300 元，目前不賺不賠、持平中。

老師，我目前的策略是想等「融券餘額」大量回補時才落

跑，不曉得這樣的想法可以嗎？

最後，我想請問老師一個問題：我要如何判斷黑手是要甩轎準備往上攻，還是要開始出貨了？

因為我每天會追蹤三大法人的進出，有時候覺得他們在開始出貨了（因為就一直賣，有時大賣，有時小賣），所以我就趕緊把手中持股賣掉，過了 2-3 天後，原本持有的個股就開始飆了，回到我原先持股的價格之上，所以我最近都沒賺錢（哭）。

方老師，學生會在過了這麼長的時間後，再度提出舊例請教老師，主要的原因為學生買進這 2 支股票，最主要說服自己的理由皆是「強勢連三紅」，這個理由過了這麼長的時候後，來加以檢視。

至今「世界先進」(5347) 有機會從 16 元漲至 26.05 元，而「上銀」(2049) 為何卻沒有機會再創新高呢？

希望方老師能教我判別 2 者差異的方法。

【方天龍的回覆】

× 先生：

您在 2012 年 5 月 4 日根據我書中的指導要點，自己選到「世

界先進」(5347) 的股票 5 張，價位是 16 元，卻沒想到會跌 ><"

我看了一下日線圖，您正好買在高點。可見股市的水是很深的，知識必須全面性的了解才有辦法應付一切！

昨天我考慮寫一本專談避險、如何免於受傷的專書（方天龍補註：即已經出版的本書），您這個案例我將提出來詳細解說（但不會洩漏您的隱私），這是非常好的案例、我自己編都編不出來的好個案，因為很多人確實都只會根據一部分的知識在選股及操作。這裡簡單的告知您問題出在那裡：

一、你買進的時間點不對！因為從 9.47 元，一直漲到 16.1 元，漲幅多大，請自己計算一下；在這中間都沒跌過，風險就很高了。

二、根據漲停板買股票，通常是橫盤之後拉漲停的才有效。而你是在股票漲了快兩倍（往上斜的線型）才根據漲停買股票。這是大錯特錯！

三、即使「橫盤之後拉漲停」也可能無效，因為有人為的可能（隔日沖大戶拉的，明天就出貨，線型又往下了）。

光是這三個理由，就足以說明您缺乏的是風險意識！現在

您看這檔股票已經 26.05 元了，不知有何感觸？

至於「世界」和「上銀」的不同，請看我的附加檔案，在圖上有所說明。

知道「強勢三連紅」的股票可以做多，只是初級班；懂得從三連紅的股票位置去尋找買進時機，算是進階班；知道隔日沖大戶在一檔股票線型上的著墨、從而研判一檔股票能不能介入、該如何介入，那就是高級班了。因為一般股票書不會寫得如此細微精深；甚至連沒有實戰經驗的學者，也會摸不到其中的門檻。

我每一本書都有專門的主題，希望您繼續研究。例如您這個問題就出在「買賣時機」不對，那麼您就應該複習一下《您的買賣時機精準嗎？》那一本書。如果得不到解答，就再找筆者其他的著作看看。我常常會在新書中補充舊書沒寫周全的部分，或在新書中繼續詳述以強化讀者仍不夠透徹的認知。因為您在進步，我也在繼續進步中。我的新書會越寫越好！您應儘量看我的新書。謝謝！

方天龍

圖 3-03 「世界」（5347）從底部到讀者所買進位置的股價漲幅已達七成。

（圖片資料來源：XQ 全球贏家）

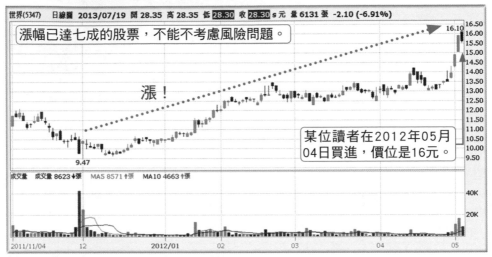

漲幅已達七成的股票，不能不考慮風險問題。

漲！

某位讀者在2012年05月04日買進，價位是16元。

圖 3-04 「世界」（5347）既已大漲七成，短期修正一大段，也很合理。

（圖片資料來源：XQ 全球贏家）

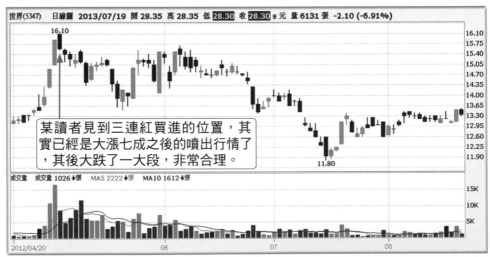

某讀者見到三連紅買進的位置，其實已經是大漲七成之後的噴出行情了，其後大跌了一大段，非常合理。

圖 3-05 從讀者買進「世界」（5347）之後到現在，一年時間內，
股價又大漲了 2.41 倍！

（圖片資料來源：XQ 全球贏家）

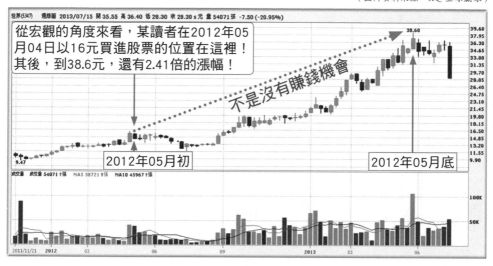

從宏觀的角度來看，某讀者在2012年05
月04日以16元買進股票的位置在這裡！
其後，到38.6元，還有2.41倍的漲幅！

不是沒有賺錢機會

2012年05月初

2012年05月底

圖 3-06 讀者在 2012 年 5 月 4 日買「上銀」（2049）股票的位置。

（圖片資料來源：XQ 全球贏家）

某讀者在2012年05月04日以300
元買進「上銀」股票的位置！

圖 3-07　某讀者買進「上銀」股票後，仍有高點可以出脫。

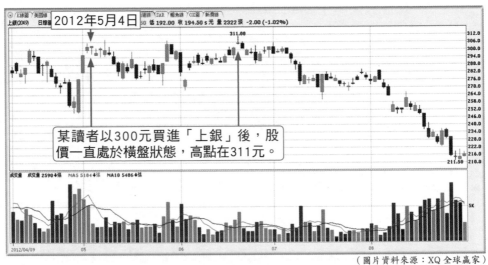

（圖片資料來源：XQ 全球贏家）

圖 3-08　某讀者買進股票後，「上銀」一直是向下的趨勢，迄今未
見榮景。

（圖片資料來源：XQ 全球贏家）

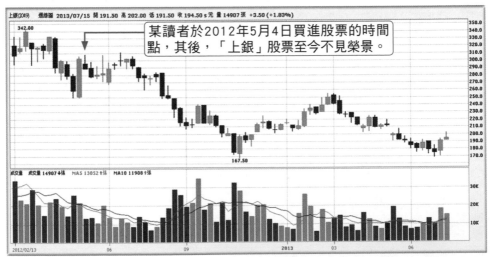

▶ *Point* **04 世界 vs. 上銀，要有宏觀的視野**

　　我們來看圖 3-03 ～圖 3-05，第一張圖說明的是讀者買進股票的時間點，往前看，已經是漲幅七成了。在漲幅七成的強勢三連紅之後，該不該介入呢？我認為這時的急拉就是「噴出」的行情，有必要考慮風險的承受能力。第二張圖說明，在大漲之後的拉回修正，也是很合理的。漲幅有多大，跌幅就該有一定比例的多大，一般都可能合乎「黃金率」或「對稱理論」。而在這個「一上一下」的對稱中，您如果是居於高點，自然覺得很痛苦了，所以讀者說「我最近都沒賺錢（哭）」，也是無可奈何的。說到這裡，又回歸到本章的主題了：「投資比例」如果小的話，您的功力就會增加三分，因為不但不會哭，在跌無可跌時，還可以有錢逢低加碼、破啼為笑。

　　事實上，如果我們以宏觀的角度來看，第三張圖正足以說明，從讀者 2012 年 5 月 4 日買進「三連紅」股票之後，並非只是「買後就跌」，反而還有更大的突破空間在等著。您看圖 3-05，從讀者在 2012 年 5 月初買進「世界」（5347）之後到 2013 年 5 月底，才一年時間內，股價又大漲了 2.41 倍！是不是很有發展呢？是不是短空長多、塞翁失馬焉知非福？是不是值得破啼為笑、歡唱謳歌呢？

　　其次，再看圖 3-06 ～圖 3-08，描述的就是「上銀」（2049）股

票在讀者買進股票的前後變化。在圖 3-06 中，我們看出，上銀有漲有跌，不像「世界」（5347）那樣一路上漲了七成，所以理論上就不會立刻暴跌，它走的是「盤整」盤。讀者在和買進「世界」（5347）的同一天（2012 年 5 月 4 日）買進「上銀」（2049）股票，在不久之後，出現了 311 元可以出脫的高點。然後才逐漸往下墜落（見圖 3-07）。在圖 3-08 中，我們則發現，自從讀者買進「上銀」股票，在盤整一段時日之後，似乎已不見榮景了。這是怎麼回事呢？

這裡正要回覆讀者的大問題：「世界先進」（5347）有機會從 16 元漲至 26.05 元，而「上銀」（2049）為何卻沒有機會再創新高呢？

讀者買「世界」是 16 元，如果他的資金夠撐得住「短套」而沒有認賠的話，那麼到他問這個問題時，股價已經破啼為笑、來到 26.05 元（近期已攻到 38.6 元了）。而同一天以 300 元買進的「上銀」，卻在當時持續在盤整中無法突破新高，迄今甚至已跌到 200 元以下了。這兩檔股票為何有如此的差異呢？

我們是從技術面在探討個股。讀者談到的是比較長線的宏觀視野。筆者可以這樣告訴您：做長線，宜觀察基本面；做短線，才研究技術面。

資金夠的人，才談得上做長線。而長線要重視的是公司的負責人、企業形象、營收實況、接單訊息等等，以及行業景氣循環，然後

在個股長期的低點介入、高點出脫。

　　所以，筆者認為：做長線的人宜重基本面，能「見多識廣」；做短線的人要重技術面，有「先見之明」。

　　以「世界」（5347）和「上銀」（2049）來作比較，前面的基本面就遠比後者為佳，股價的長期表現顯然也很公平地得到反映了：

❶「世界」（5347）是一檔半導體為主的電子股，屬於台積電集團的個股，它也是一檔「山寨概念股」，股本是163.55億。而「上銀」（2049）是一檔電機機械類股，也是 ECFA 概念股，股本是24.64億。「世界」的股本大，如果沒有基本面支撐，股價拉抬不易；「上銀」由於股本小，只要有人炒作，一樣可以創新高，但是主力都很內行，知道基本面不好的股票硬拉，自己可能出不了貨。

❷「世界」的「股價淨值比」是2.01，而「上銀」卻是4.79。

❸「世界」的「負債比例」是14.98％，而「上銀」卻是58.55％。

❹「世界」的「殖利率」是3.44％，而「上銀」卻是1.54％。

❺「世界」的「股東權益報酬率」是4.08％，而「上銀」卻是1.70％。

❻「世界」與「上銀」的獲利能力大異其趣，我們看表 3-1 與表 3-2，從他們各自的「合併月營收」報表，就一目了然了。前者漸入佳境，後者一敗塗地，股價表現焉能相提並論呢！

表 3-01 世界 (5347) 合併月營收從去年至今的變化，有明顯轉佳的情況，影響了股價表現。

年/月	營業收入	月增率	去年同期	年增率	累計營收	年增率
2013/06	1,848,999	3.73%	1,644,555	12.43%	10,142,315	31.54%
2013/05	1,782,527	3.37%	1,531,242	16.41%	8,293,316	36.72%
2013/04	1,724,497	2.43%	1,380,720	24.90%	6,510,789	43.57%
2013/03	1,683,666	17.43%	1,096,361	53.57%	4,786,292	51.75%
2013/02	1,433,720	-14.09%	994,145	44.22%	3,102,626	50.77%
2013/01	1,668,906	20.13%	1,063,661	56.90%	1,668,906	56.90%
2012/12	1,389,238	-11.07%	1,052,490	32.00%	17,162,545	12.98%
2012/11	1,562,141	-13.29%	1,243,097	25.67%	15,773,307	11.57%
2012/10	1,801,607	23.16%	1,012,793	77.89%	14,211,166	10.21%
2012/09	1,462,855	-12.04%	1,104,294	32.47%	12,409,559	4.44%
2012/08	1,663,048	5.18%	1,385,121	20.07%	10,946,705	1.57%
2012/07	1,581,153	-3.86%	1,384,880	14.17%	9,283,657	-1.16%
2012/06	1,644,555	7.40%	1,355,183	21.35%	7,710,684	-3.71%
2012/05	1,531,242	10.90%	1,385,270	10.54%	6,066,129	-8.82%
2012/04	1,380,720	25.94%	1,276,062	8.20%	4,534,887	-13.90%
2012/03	1,096,361	10.28%	1,322,763	-17.12%	3,154,167	-20.97%
2012/02	994,145	-6.54%	1,254,556	-20.76%	2,057,805	-22.88%
2012/01	1,063,661	1.06%	1,413,908	-24.77%	1,063,661	-24.77%

表 3-02　上銀 (2049) 合併月營收從去年至今的變化，非常不樂觀，影響了股價表現。

年/月	營業收入	月增率	去年同期	年增率	累計營收	年增率
2013/06	1,061,894	18.25%	1,187,637	-10.59%	5,176,880	-18.35%
2013/05	898,023	6.47%	1,225,361	-26.71%	4,114,986	-20.14%
2013/04	843,431	2.00%	1,273,908	-33.79%	3,216,963	-18.09%
2013/03	826,888	18.39%	1,056,485	-21.73%	2,373,532	-10.56%
2013/02	698,446	-17.66%	860,276	-18.81%	1,546,644	-3.17%
2013/01	848,198	--	736,987	15.09%	848,198	15.09%
2012/12	--	--	--	--	--	--
2012/11	--	--	--	--	--	--
2012/10	--	--	--	--	--	--
2012/09	--	--	--	--	--	--
2012/08	--	--	--	--	--	--
2012/07	--	-100.00%	--	--	--	--
2012/06	1,187,637	-3.08%	--	--	6,340,654	--
2012/05	1,225,361	-3.81%	--	--	5,153,017	--
2012/04	1,273,908	20.58%	--	--	3,927,656	--
2012/03	1,056,485	22.81%	--	--	2,653,748	--
2012/02	860,276	16.73%	--	--	1,597,263	--
2012/01	736,987	--	--	--	736,987	--

▶ *Point* **05** 調整「權證」的認知，提防賺小賠大

從筆者上一本書《股票＋權證必殺技》出版之後，筆者收到的鼓勵信看來，大部分讀者都喜歡閱讀看得懂的圖文說明。今後，筆者會更站在讀者的立場多想一些清晰的解說方式，讓大家更容易吸收。以下隨意摘錄一些讀者的信件，可以知道許多讀者已經開始關心過去比較難懂的「權證」了：

老師好

沒想到我的來信也能提出來公開給大家看，真是讓我受寵若驚。可見老師確實很重視每一位讀者！

我最近玩了兩次當沖，都是玩上銀。第一次是 3 月 1 日，我在開盤沒多久就以 248 元買入，然後以 251.5 元賣出，這是一次成功當沖。(我本來應該可以賣更高，但還不熟悉操作，按錯了，所以才賣到這價錢 XD)

可惜當天我動了貪念，真被老師說中啦！不能太貪。我在 253 元時又追買一張，已過了高點所以沒賣出。隔天我想賣在 255 元，但最高只到 254.5 元，所以這張就先留著。

第二次在今天，我在 251 元時買入，以為會往上攻，卻剛

好在最高點，先在 249 元停損。本來不太想賣，但若再留

一張，對資金壓力就有點大。所以就認賠，下次再努力吧！

另外提一下，老師的新書《股票＋權證必殺技》我在發行

當天就去誠品買了。誠品都還沒上架呢，我特別去問才從

倉庫拿出來：D

目前看了一部分，書中前面提到的「華寶」那段讓我很有

感覺耶！因為那次戰役我也有參與在其中的，所以對書中

的內容印象更深刻！

特別是我當初看其他作者的權證書籍也是看過就忘了，一

直記不住「價內」、「價外」的意思。而老師提到如何看

價內價外，用一條線來作例子，讓人很容易理解，比起一

般股票書生硬的文字來說，這樣圖文並茂的解說，加上生

動的想像力，的確是很容易讓人更有效率了解。加上以股

票為本的例子，我覺得老師的書對讀者實用性比較大！

我是很認真一個字一個字看的喲！^^

最後祝老師賺大錢，身體健康！

我人生的終極目標就是像老師這樣在家每天自主操盤賺

錢，我會加油的！

讀者 ××× 敬上

在操作過程中，類似這封信所說的「本來不太想賣，但如果再留一張，對資金壓力就有點大。所以就認賠，下次再努力吧！」這樣的案例實在太多了。筆者由於工作忙碌，所以已無法在龐大的信件量中去找尋那些實例。但是，我早就牢牢記住讀者此一困惑了。「散戶多不是失敗在技術不佳，而是失敗在資金控管不良」，這一直是我注意的問題，也是本書特別要強調的主題。

一位從事特殊教育，還要照顧三個孩子的媽媽讀者來信，也提到筆者的「價內外記憶圖法」：

老師好：

我現在看到《股票＋權證必殺技》的 P.121，您自創的價內外記憶圖法真是太妙了！能用圖解來幫助了解和記憶，真是專業的老師！否則我可能會搞不清也記不住的，謝謝您那麼用心發明方法，要把我們新手教懂。

獻上吾家特殊憨兒紀鷗集的畫讓您欣賞，他最近有畫要展出，希望我能努力賺到一些錢，盼來日能帶他到國外開畫展。

×　×　×

方老師您好！

昨日剛買到您的大作:《股票＋權證必殺技》,用兩天的時間把它速讀一遍。(欲罷不能)感佩老師,能把複雜的東西,講的簡單易懂,讓我不再視權證為畏途。

當然,以後我還會把老師的多本著作再精讀幾遍。希望能了解其中的精髓於一二。感謝老師替我們讀者剝好蝦殼!!!我想以後也許能在股海中,享受美食…… ×××

很多讀者學習「權證」,並非是由於它可以使利益更大化,而是因為它比較便宜、好入手。這是筆者最擔心的事。因為可能有一些股市新手還不十分了解,「權證」有很多風險的。它有「莊家」(發行權證的證券商)造市公正與否的問題,也有「時間價值流失」的問題,如果只貪圖價格便宜好入手,一旦行情極壞而你買的是「認購權證」,可能會比買股票損失更大。這一點,請特別留意!在資金控管方面,筆者請您記牢幾點:

❶「權證」的買賣是看「標的股票」的技術面,而不是「權證」的技術面。

❷在行情持續上漲的時候,您可以發現,很多「強勢股」根本就沒有證券商發行「權證」。如果有的話,也不要逆向操作「認售權證」。

❸在行情走下坡的時候,最好退場,別買「認購權證」,以免「偷雞

不著蝕把米」。尤其「權證」是不能抱持太久的，除非您知道該檔「標的股票」的內幕（有隱藏性利多或知道有人要炒作），或您是可以主導行情起落的長線主力。散戶最好有賺就跑。

❹股票如果是「零和遊戲」的話，敵人可能是主力；而權證的對手，看來似乎是發行權證的券商（莊家），但是在同一場交易中，買同一檔權證的散戶可能也是敵人，因為在價格的競逐中，往往互相傾軋。好比某一檔「權證」，隨著股價的上漲，有人買 1.2 元，有人買 1.4 元，有人買 1.7 元，有人買 2.1 元，很不幸的是你買了 2.7 元時，標的股票可能已經漲停板了。權證的漲升忽然停頓了，大家開始保守看待。不久，標的股票突然打開漲停了，股價甚至開始被打下，這時權證也可能跟著下滑。如果權證客戶大家都不再有買賣動作了，那收盤可能就是 2.7 元。可是，每一位同樣是「做多」的認購權證散戶，卻並不是那麼「團結」的。相反的，權證開始下滑，變委買 2.5 元，又滑到 2.3 元，再滑到 1.6 元，繼續滑到 1.2 元，這時突然有人買了一張權證，一經成交，權證價格立刻變成 1.2 元。你次日不但會被套牢，甚至會慘賠！當標的股票隔幾天反彈到平盤時，你的權證價格可能還回不到原點。這就是權證的危險之處。在這過程中，你會發現當初買 1.2 元權證的人，真的是害了你的最大禍首，所以權證散戶之間不是互為敵人嗎？

❺在感覺標的股票「非漲不可」的時候，才買「認購權證」；股價「非跌不可」的時候，才買「認購權證」。這是筆者的經驗精華，不懂這段文字的讀者，可能會以為這是一句廢話，那您就吸收不了這其中的奧妙了。因為「可能會漲」、「即將要漲」和「非漲不可」的意思，有很大的區別。曾經有一位賠了三百萬元資金的朋友（不是我的讀者），偶然看到我書中的幾個字：「非漲不可」，一直要問我「到底什麼是非漲不可的股票」？他懶得用功看書，所以只好繼續輸下去了。畢竟我也無法把我十幾本股票書用一句話來回答他，除非直接給他一個明牌！o(∩ _ ∩)o~ 所以，什麼是「非漲不可」的股票，重視的不是選股，而是買賣時機。因為再適合的股票，如果不是非漲不可，很可能次日它的「權證」就像冰淇淋融化那樣的下滑了，等到股票反彈時，「權證」可能還回不到原點！這就是「權證」的最大風險！

❻有關「權證」的盤前預備動作，筆者提供一份自己設計的空白表格，給您作參考（圖 3-09）：

　　「盤前【權證】買賣評估」是筆者自己設計的，其中括弧之處是填寫「代碼」（代號）；「理由」是指買進標的股票（權證）的理由。至於可能的「權證價格」，則可以從「權證試算器」去求得答案。有了這張預先寫好的表格，對於權證價格的掌握，也比較精準！

圖 3-09　筆者設計的「盤前【權證】買賣評估」空白表格，剛好填
　　　　在一張橫式 A4 的白紙上。

盤前【權證】買賣評估

標的股票：＿＿＿＿（＿＿＿）收盤 ＿＿元，漲幅：＿＿＿＿＿

理由：＿＿＿＿＿＿＿＿＿＿＿＿＿＿＿＿＿＿＿＿＿＿＿＿＿＿

權證	代碼	權證價格	到期日	價內外%	執行比例	隱波率%

標的股票：　（　　）			標的股票：　（　　）		
權證名稱：　（　　）			權證名稱：　（　　）		
	股票價格	權證價格		股票價格	權證價格
跌幅 1%			跌幅 1%		
平盤價			平盤價		
漲幅 1%			漲幅 1%		
漲幅 2%			漲幅 2%		
漲幅 3%			漲幅 3%		
漲幅 4%			漲幅 4%		
漲幅 5%			漲幅 5%		
漲幅 6%			漲幅 6%		
漲幅 7%			漲幅 7%		

掛單預備	

有效槓桿	昨最高	昨最低	昨均價	昨量	籌碼研究

標的股票：	(	)		標的股票：	(	)
權證名稱：	(	)		權證名稱：	(	)
	股票價格	權證價格			股票價格	權證價格
跌幅1%				跌幅1%		
平盤價				平盤價		
漲幅1%				漲幅1%		
漲幅2%				漲幅2%		
漲幅3%				漲幅3%		
漲幅4%				漲幅4%		
漲幅5%				漲幅5%		
漲幅6%				漲幅6%		
漲幅7%				漲幅7%		

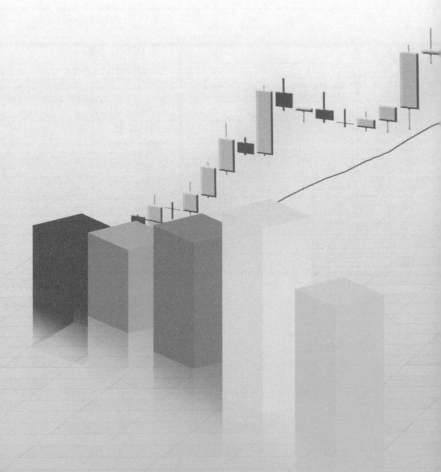

Chapter 4

避險策略04：
查看技術面，
旁證很重要。

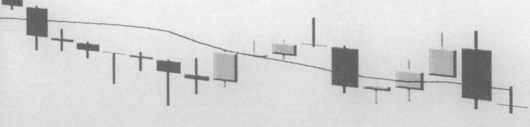

股市不按牌理出牌，要懂隨機策略

我在一本古代笑話書看到一個「亂拳打死老師傅」的趣譚：

一位學藝歸來的拳師，與老婆發生了爭執。老婆拉高聲勢，摩拳擦掌，向老公叫囂著。

拳師心想：「我學武已成，難道還怕你不成？」

沒想到老師傅的架式還沒擺好，老婆已經張牙舞爪地衝上來，三下五除二，就將他打得鼻青臉腫、毫無招架之力。

事後別人問他：「既然學武已成，為何還敗在老婆手下？」

拳師說：「她不按招式出拳，我都還來不及因應就被她摔倒了！」

當我們學會股市的技術分析、準備與大盤對抗時，「隨機策略」（如笑話中的「老婆」）看似不是章法，卻常常勝過章法。因為在股海征戰中，我們所要面對的是來自政經、景氣、營收、消息、籌碼等各方的複雜因素，「一招半式」固難應付裕如，「何時出手」也是很大的戰略重點。如果決定採取某種策略時，卻沒有其他的「旁證」足以支撐你的決策，很可能就會被大盤輕易摔倒了。此時，如果我們能

「眼看四方，耳聽八方」，儘量採取隨機策略，不要只以「一招」（或一種投資工具）來對付複雜的股市，就不會被摸清底細（行動規律），也能巧妙戰勝不可測的大盤變局。

大盤，常是不按牌理出牌。投資股票，不能太老實！就好比身為一個保護人民的「刑警」，不通曉歹徒的各種「奧步」（爛招），如何逮獲壞人呢？有一部武俠電影片的台詞給我印象很深刻──當惡徒被大俠洞穿陰謀、無計可施時，憤恨地批評對手：「你好狡猾！」大俠反諷一句妙語：「不狡猾，怎麼敢來捉狐狸！」

在本書「避險策略 03」中，一位股市新手以我《當沖大王》一書所揭示的「挑三連紅的股票做多」為選股標準，結果用 16 元的價格買股票卻遭逢下跌的命運。他請教我是哪一個環節出了岔（哭～）。我笑著解答了他的疑惑，並意外發現那檔股票後來還攻到 38.6 元。原來他買「連三紅」股票的時間點漲幅已達七成，難怪短線拉回了。

請大家以後再看到「強勢連三紅」的股票，千萬別衝動。因為目前台股的風氣已經變了，主力大戶多很短視，散戶也只好跟上他們的節奏，才不會流太多的眼淚。o(∩ _ ∩)o~ 如今的台股，很少能連拉幾十個漲停板。那是二十年前雷伯龍的時代了！

今天為了在本章「避險策略 04」，繼續敘述技術面的種種風險策略，筆者特別再把許多讀者喜愛的拙著《當沖大王》拿出來重讀。

我想檢討一下，是否誤導了股市新手。重讀之下，才發現筆者當初寫的真不是那麼簡單！我在該書第94頁的大標題，就已經用非常淺顯的文字，明白地說到「半山腰的連三紅不算數」；在第91頁也以特別清晰的文字，說到「低谷反彈連三紅，是潛力大黑馬」。

看清楚哦，所謂「連三紅」的股票可以「做多」，是有條件的。在選股時，務必注意到細節——是「低谷反彈連三紅」哦，不是已經漲幅七成之後的連三紅！讀書的習慣，筆者從來就極崇尚「精讀」和「細讀」，這也是我一向反對「略讀」或「速讀」的主因。我對於讀者的來信，通常也習慣一讀再讀，就是為了徹底了解讀者的內心想法。

「不要只用一種技術指標作選股買賣的標準」，這是筆者最常強調的真理。不僅如此，我們也不要用一種「數據」，來作買賣的依據。正如某些股市新手總是喜歡問我融資佔了幾%的股票應該賣出（資金流入散戶之手），或融券佔了幾%的股票應該買進（有軋空可能），這樣的問題我都很少正面回答，並非我不知道一般「教科書」都是怎麼寫的，而是因為我都依據真實的股市經驗在說真話。我認為那樣標準化的「數據」，並沒有作為「應該」或「不應該」買進或賣出標準的必要。好比幾%的「券資比」才有軋空行情呢？並沒有一定的答案。我見過80幾%「券資比」的個股，在空頭氣氛濃厚、行情尚未轉多

時，也不覺得「應該」買進啊！至於所謂「融資比率過高」的股票，依目前來看，也未必是「應該」賣出的標準，因為現代的主力大戶也常用「融資」買進股票了。所以，融資大量增加，未必表示股票已落入散戶之手！正由於時代不斷在進步、制度也一再在變革，筆者才一再地繼續寫書，深怕早年書市的理論書誤導了年輕的股市新手。筆者天天都是第一線上的現役選手、天天都在研究最新的變化，請多看我幾本新書，把過去錯誤的觀念改正過來，才能真正成為少數（大部分投資人是不看書也不求進步的）贏家！

現在，請繼續聽聽筆者不同的聲音。

突破頸線的股票，未必就是真命天子

過去，很多股市新手都只敢逢低承接股票，然後買低賣高，求得價差；只有資深老手飽經沙場，才敢買接近漲停板的股票。我甚至有一次還聽一位民間高手說「我只買漲停板的股票！」可見新手、老手的膽識是不一樣的。

十多年前，股市名師胡立陽先生請我吃飯。他在飯局中聊到自己曾在美國擔任全美最大的美林證券公司分公司總經理，當時曾眼見那些負責管理投信基金的老美在操盤時，都喜歡玩「追高殺低」的遊戲，他們的理論基礎是「買高，賣更高；買低，賣更低」。胡先生的此一思維，在早年確實使我眼界大開，引起我的深思。因為當年初出茅蘆的我仍很無知，聽到原本是用來嘲笑新手的「追高殺低」一詞，竟然是高手的「絕活」，確實覺得很新鮮。

後來，經過長久的試驗以及撞得頭破血流之後，我才發現這一招並不適用於散戶。投信基金經理人的錢多，足以控制盤面；行情要上要下的方向，他們可以用砸下大錢予以改變。而對於咱們小散戶來說，這卻是一種「豪賭」！因為當你看到一檔股票不斷向上攻堅而趕緊追高時，怎麼知道它必然會拉到漲停板？當你見到自己手上股票一直被殺低而趕快停損時，怎麼知道它不會剛好碰到大資金再從你賣出

的價位突然往上拉？

小散戶「追高殺低」的做法如果大有斬獲，通常有幾分運氣，而主力追高殺低成功的機會卻遠多於我們！

依筆者長期的觀察，在大多頭時期，追漲停板賺錢的機率確實很高；但在盤整時期，你就經常要苦苦等待「解套」時機的來到；在空頭時期，追漲停板，還不只有被打落到平盤的可能，繼續殺到跌停板、次日再續跌的機率也挺高的。

下次請您注意一下，「長紅＋創新高」尤其是收盤來到漲停板的股票，在K線的型態上，多半很漂亮。您也會發現它的KD值或RSI值，很容易呈現出「交叉向上」的局面，甚至產生「突破頸線」的結果。它很容易吸引人氣追逐！但是，萬一後來漲停板被打開了，那就不保證獲利了。運氣好的話，等個幾天才又有機會上攻；運氣不好，原來是隔日沖大戶硬拉的假突破，這檔股票後來就會害你被「套」到因受不了而認賠為止。

舉一檔股票「全智科」（3559）來說明吧！這是一檔上市公司的電子股，屬於「半導體」的產業，也是物聯網概念股、台灣IC封測指標之一。它的股本很小，只有11.79億，所以只要有主力介入，波動幅度就會很大。請看圖4-01，這是2013年5月24日當天的日線圖，筆者特別留下此圖，作為教材的範例。

從技術分析的角度來看，2013 年 5 月 24 日（星期五）收盤，如果你看到這樣一檔強勢股，會不會想下星期一進去買股票呢？

　　從圖 4-01，我們可以看到 5 月 24 日收盤後見到的是一根「長紅 K 棒」，當天最高價、收盤價都是漲停板 18.75 元，確實很吸引人。

　　懂技術分析的人，都曉得這是一檔技術面非常理想的股票介入點，可是，結果卻並不是如此。為什麼呢？分析如下：

　　我們看圖 4-02，在 2013 年 5 月 24 日之前的兩個高點與兩個低點，各畫出一條虛線，我們可以發現「全智科」日線圖出現了一個平行的軌道，也可以說是一個「箱型」的區域。

一、它突破了「頸線」，屬於「創新高」的股票。

　　巧的是，從上半部左邊觀察，2013 年 2 月 21 日、2 月 25 日、2 月 26 日這三天的高點都是 17.8 元；從右邊來看，2013 年 5 月 22 日的高點則是 17.75 元。再從下半部來觀察，最低點是 16.5 元（2013 年 3 月 18 日），再往下走，就沒有更低點了，2013 年 4 月 9 日和 4 月 10 日的低點都是 16.55 元。

　　在以上所描述的「箱型」區域右端，已見到大突破──2013 年 5 月 24 日的巨量長紅，突破了這個箱型！那麼，介入這檔股票是不是最佳的時點？是否保證成功？

圖 4-01 「全智科」在 2013 年 5 月 24 日出現一條價量俱揚的長紅 K 棒。

（圖片資料來源：XQ 全球贏家）

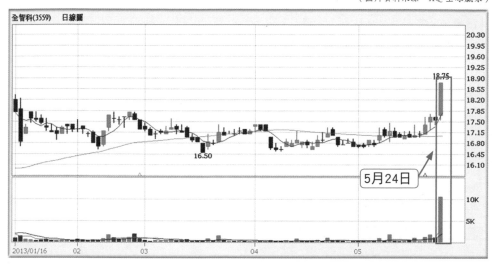

圖 4-02 「全智科」在 2013 年 5 月 24 日的技術面似乎是非常理想的股票介入點。

（圖片資料來源：XQ 全球贏家）

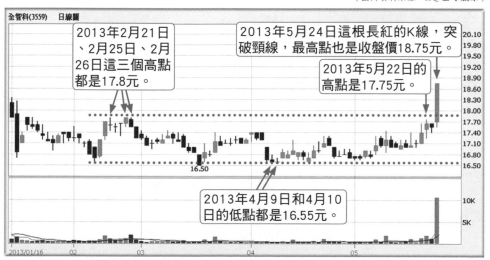

圖 4-03　巨量長紅之後的「全智科」卻有一大段的跌幅。

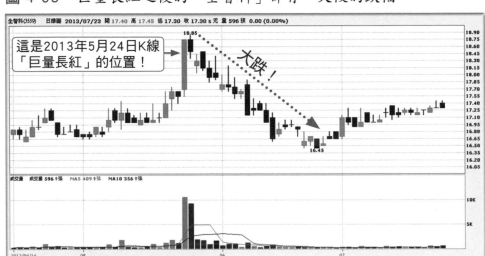

這是2013年5月24日K線「巨量長紅」的位置！

大跌！

（圖片資料來源：XQ全球贏家）

　　答案是：未必。為了寫這個案例，筆者經過兩個月的等待與醞釀，終於可以告訴讀者結果。空口無憑，這就是「驗證」！

二、第二天的大量「外盤成交」，都是「攻假的」。

　　請見圖 4-04，在 2013 年 5 月 24 日（星期五）的巨量長紅之後的第二個交易日——5 月 27 日（星期一），很多投資人都可能關注到這一檔股票的後續狀況了。從它的「買賣交易明細」裡，我們可以看出它有大量成交的大買單，都是成交在外盤！

　　基本上，「外盤成交」所代表的意義是「看多」的。因為買氣優

於賣壓。尤其這檔股票前十分鐘的買賣資料，我閉著眼睛就可以想像到它在股票看盤軟體中的「買賣力」一圖，一定是「買力」交叉「賣力」向上延伸；此外，一定還有「連續三筆外盤大量成交」、「連續十筆外盤成交」、「瞬間巨量大於 300 張」、「內外盤比超過 60」等等訊號發出。

圖 4-04 「全智科」2013 年 5 月 27 日的「分時走勢圖」。

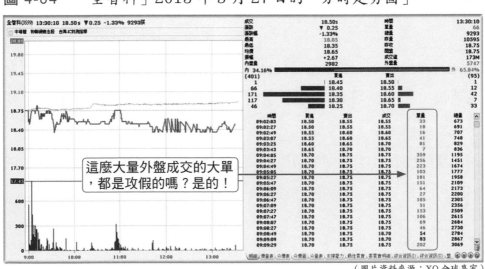

（圖片資料來源：XQ 全球贏家）

可是，這天的「分時走勢圖」呈現的卻是：股價大部分時間都在盤下，如此大量的「外盤成交」也不過是「玩假的」，絕不可能在股票專業軟體中發出「價量突然特別突出」的「做多」訊號，因為「價

量突然特別突出」的涵義是：最近五分鐘漲幅領先大盤2%，且這五分鐘內有出現五筆以上成交量超過100張以外盤價成交者。「全智科」在5月27日的表現，根本只有「量」，沒有「價」！也就是說，大量「外盤成交」都是「攻假的」！

　　為什麼呢？因為這個「巨量長紅」根本就是一群隔日沖大戶刻意「包裝」的，他們今天買進，隔一天就把股票賣掉了！一個被吹漲了的汽球，一旦把氣體抽出來，還能不萎縮嗎？再說得更明白點，圖4-04的大量成交多半是「假單」──意思是主力大戶們用來吸引人氣的「對敲單」，買200張、同時賣200張都出自一人之手。有時是買200張、同時賣300張的「買少賣多」逃遁術的「假單」，用來製造活絡景象，以吸引人氣，方便倒貨！如此「爾虞我詐」的市場，如何醞釀出良好的多頭氣氛呢？這就是讀者不可不了解的技術線型的陷阱，也是不可不知的股市風險！

03　「型態」選股，講究機率和相似度

　　技術分析的功過，常有人討論。並非筆者吃的是「技術飯」（專職講課）或幹的是「技術活」（股市操盤），所以拚命說技術分析好，事實上，我也是從股票的基本面入手的。

　　早年我擔任財經記者時，曾對上市公司的產業面做過鑽研，甚至還寫過上市公司的企業列傳（淬煉——登上阿爾卑斯的和成欣業，商周文化出版）。但是，在技術分析的領域下過功夫以後，才發現「今是而昨非」，我的投資思維總算一日千里，彷彿以前所鑽研的基本面都沒用了似的。

　　可見技術分析對一個人的操盤績效才是最有幫助的。

　　技術分析為什麼實用呢？

　　因為「歷史是會重演的」。

　　以史為鑑，可以知興替；以人為鑑，可以明得失。從歷次股市征戰的線圖中，我們何嘗不能汲取一些營養呢？何況一檔股票的基本面是會「改變」的，這由不得我們；而「技術分析」的絕活，卻可以運用在各種股票中，在大的原理和法則上面是不會改變的。

　　賴瑞‧威廉在《短線交易秘訣》的「價格與時間」中說：「你只要知道什麼是循環就夠了。」

所謂「循環」就是歷史重演，就是趨勢。

趨勢是不可違的，所以原本「技術分析」的理論就是可信的，問題是：在「信任」裡，也可以區分「非常可信任」、「可以相信」、「一般來說可以相信」等等不同等級的「可信」，並非「全有」或「全無」的信任，這和我們對「人」的態度是一樣的。

從型態學的角度來說，趨勢之中，我們也可以觀察一檔股票是否具有「優勢」、「氣勢」等等，來決定我們該不該相信。

現在比較進步的技術分析理論，也漸漸講究「靈活運用」、「線型會轉彎」等等話術，尤其有些股票專業軟體也不再硬性指出某一天的某幾條線型組合是「╳╳線（例如孕抱線、貫穿線、吊人線…等等）」，而說的是百分之幾「類似」。

例如以「做多趨勢類型」來說，筆者從股票專業軟體中，便可以看到 2013 年 7 月 23 日的「上升楔型」有兩檔股票「類似」。一個是「冠德」（2520），一個是「中連貨」（2520）。

在相似度來說，「冠德」（2520）是 0.8618，也就是 86.18％。「中連貨」（2520）是 0.8505，也就是 85.05％。

在拙著《你的股票買賣時機精準嗎？》（恆兆文化出版）第 147 頁，我們介紹了「晨星」這樣的線型組合，作為買進股票時機的抉擇參考。

圖 4-05 「冠德」的日線圖呈現出「上升楔型」的型態。

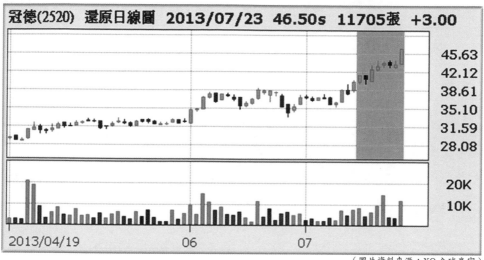

（圖片資料來源：XQ全球贏家）

圖 4-06 「中連貨」的日線圖呈現出「上升楔型」的型態

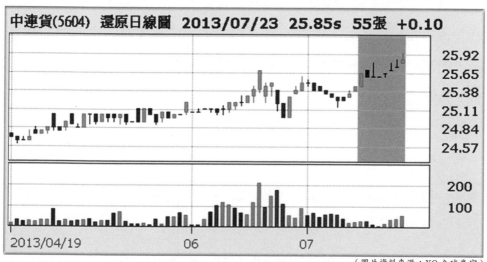

（圖片資料來源：XQ全球贏家）

在 2013 年 7 月 23 日同一天裡，筆者也在股票專業軟體中，找到「雷科」（6207）、「國統」（8936）、「方土霖」（4527）、「陽光能」（9157）、「所羅門」（2359）、「凌泰」（6198）、「揚博」（6198）、「宏遠」（6198）、「洋華」（6198）、「普安」（6198）、「茂順」（6198）、「零壹」（6198）、「立錡」（6286）等 13 檔個股是屬於「晨星」的線型組合。

　　簡單地說，「晨星」是由三根 K 線所構成的線型組合，它的產生是由於在短線上空方已經「賣力衰竭」所造成的。通常是在經過一段下跌的行情之後，出現一根中長黑 K 棒。接下來的第二根 K 線，卻改變了它的命運。第二根 K 線是跳空而下的，本來應該表示空頭力量很大、多頭力量很弱，但它的實體卻相對比較短小一點，顯示空方力量到此已經弱了。所以才無法繼續殺出中長黑線。至於第三根 K 線，則是一根中長紅實體，和前一天的「小紅」或「小黑」的實體之間，再度出現向上的跳空。也就是說，晨星這三條 K 線的組合之中，就出現了兩個「跳空」。

　　見圖 4-07，這就是「晨星」的基本型態，至於細分也有「陽線晨星」和「陰線晨星」，因為已經講過，在此就不再贅述。我要說明的是，現今的「晨星」並沒有那麼嚴謹的定義。我所使用的 XQ「全球贏家」，裡面有個「短線法寶」的篇幅，會幫你抓出最近 14 天來「晨

星」出現的個股。我曾經詢問過它的定義：「出現晨星的 K 線型態，前五日均量大於一千張，股價表現優於大盤。」所以，您首先必須要知道什麼是「晨星」，然後它告訴您的是前三天出現的三線組合，加上當天「前五日均量大於一千張，股價表現優於大盤」的條件，所以這樣捕捉的個股，自然較為可靠。不過，由於太嚴格了，所以經常這一部分的資料是空白的。後來，該股票專業軟體又推出了「型態選股」的篇幅，自然較為實際，因為光是 2013 年 7 月 23 日當天就逮到前述的 13 檔「晨星」了。

圖 4-07　晨星的基本型態。它是由三線組合而成。

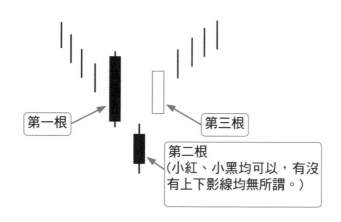

第一根

第三根

第二根
(小紅、小黑均可以，有沒有上下影線均無所謂。)

▶ *Point* *04*　型態學不講絕對值，只探討相對值

　　型態學，是一門值得研究的主題，我認為它甚至比「價量關係」還重要。因為任何型態的股價，都有其條件和框架。任何趨勢、波段以及可能的行情，都來自這個「型態」的基礎上。一般流行語說「他這個人很有型」，應該也可以適用於「這檔股票很有型」！

　　但是，型態學不講絕對值，只探討相對值。所以，不論是做多的趨勢，還是做空的趨勢；不論是由「Ｋ線」選股，還是由「酒田戰法」選股，任何個股都涉及「出現的頻率」、「符合的時間」、「相似度」等等問題。我們只能說「可能像某一種型態」，而不能說「絕對是某一種型態」。在「不講絕對值、只探討相對值」的過程中，我們就比較不會陷入不當的迷思。

　　在前面我們從 2013 年 7 月 23 日透過 XQ 全球贏家看盤軟體選出來的 13 檔「晨星」中，它的類似度是由機器計算出來的：

　　「雷科」（6207）相似度：97.18%。

　　「國統」（8936）相似度：94.40%。

　　「方土霖」（4527）相似度：92.26%。

　　「陽光能」（9157）相似度：91.97%。

　　「所羅門」（2359）相似度：91.59%。

「凌泰」（6198）相似度：91.01%。

「揚博」（6198）相似度：89.22%。

「宏遠」（6198）相似度：88.62%。

「洋華」（6198）相似度：88.03%。

「普安」（6198）相似度：87.90%。

「茂順」（6198）相似度：86.56%。

「零壹」（6198）相似度：86.29%。

「立錡」（6286）相似度：86.09%。

從型態學選股，現今講究的是機率和相似度。筆者一向崇尚的是「驗證」功夫。在本書截稿至讀者買書到手，這中間的股市仍在行進中。到讀者看書時，已經有將近一個月的變化。親愛的讀者們，不妨把 2013 年 7 月 23 日這天的「型態選股」作一番「驗證」：

❶「晨星」組合和其他類似的三線組合（也是反轉型態），您能夠清楚辨別嗎？

❷相似度較高的「晨星」組合，是否成功率（獲利率）較高？

❸在大盤的轉折中，「晨星」組合的選股功能是否會受到影響？

❹為什麼大部分晨星組合是成功的，有些反常？能找出反常原因嗎？

❺若「晨星」組合不準，能找出其他有用指標作為輔助的「旁證」嗎？

如此反覆推敲，必可避開判斷迷思，減少操作失敗風險！

圖 4-08 「晨星」型態的「雷科」日線圖。 （圖片資料來源：XQ 全球贏家）

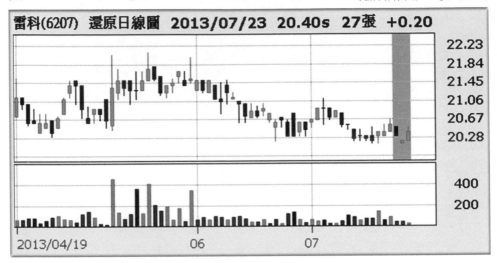

圖 4-09 「晨星」型態的「國統」日線圖。 （圖片資料來源：XQ 全球贏家）

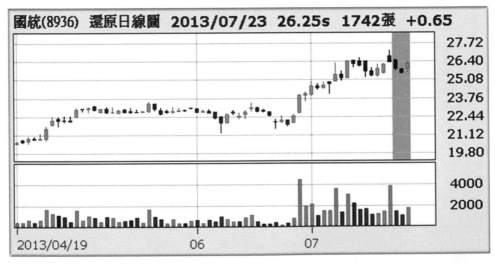

圖 4-10 「晨星」型態的「方土霖」日線圖。　（圖片資料來源：XQ 全球贏家）

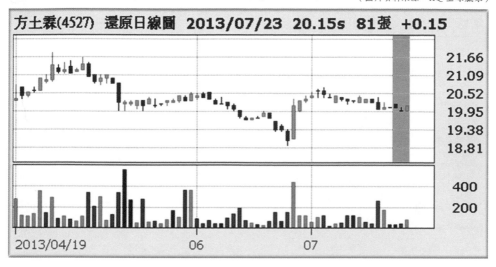

圖 4-11 「晨星」型態的「陽光能」日線圖。　（圖片資料來源：XQ 全球贏家）

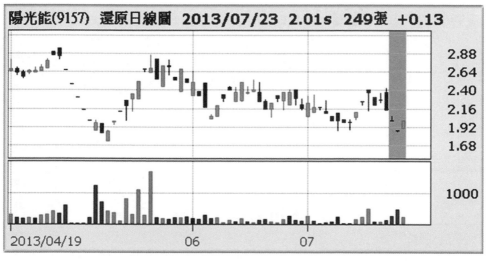

圖 4-12 「晨星」型態的「所羅門」日線圖。 （圖片資料來源：XQ 全球贏家）

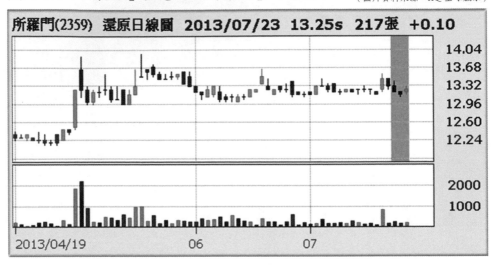

圖 4-13 「晨星」型態的「凌泰」日線圖。 （圖片資料來源：XQ 全球贏家）

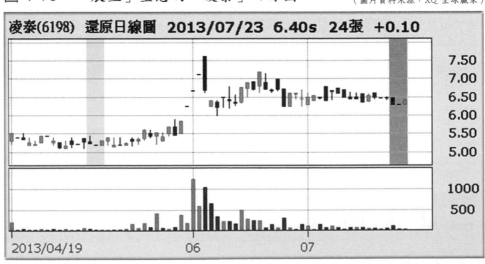

圖 4-14　「晨星」型態的「揚博」日線圖。　（圖片資料來源：XQ 全球贏家）

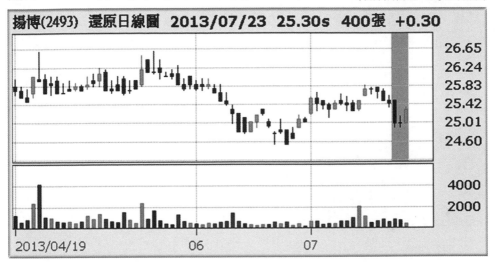

圖 4-15　「晨星」型態的「宏遠」日線圖。　（圖片資料來源：XQ 全球贏家）

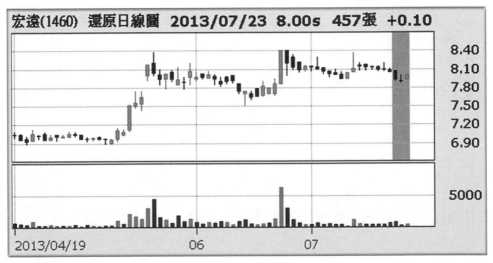

圖 4-16　「晨星」型態的「洋華」日線圖。

（圖片資料來源：XQ 全球贏家）

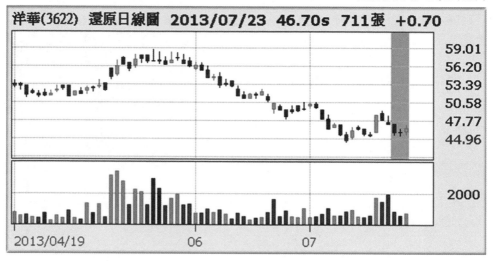

圖 4-17　「晨星」型態的「普安」日線圖。

（圖片資料來源：XQ 全球贏家）

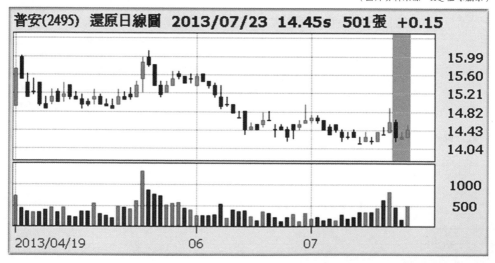

圖 4-18 「晨星」型態的「茂順」日線圖。 （圖片資料來源：XQ 全球贏家）

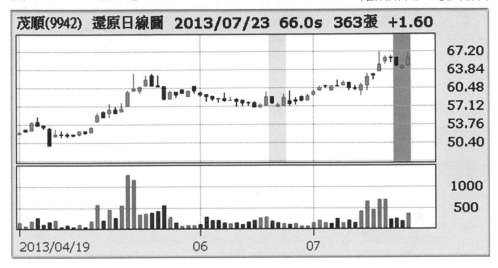

圖 4-19 「晨星」型態的「零壹」日線圖。 （圖片資料來源：XQ 全球贏家）

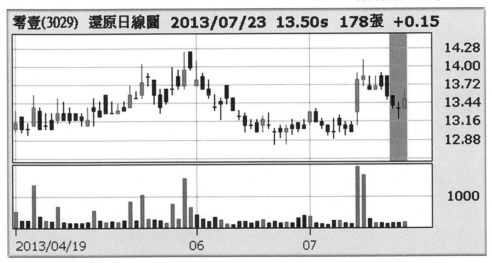

圖 4-20　「晨星」型態的「立錡」日線圖。

（圖片資料來源：XQ 全球贏家）

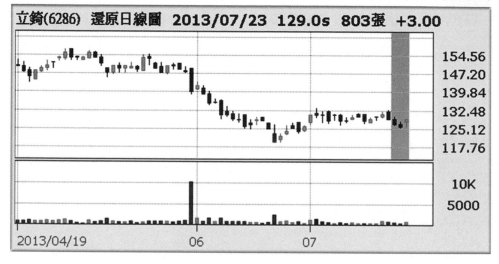

05 矽格「孕抱線」失靈，迅速反向操作

　　筆者在《你的股票買賣時機精準嗎？》一書第 137 頁，也曾經提過「孕抱線」。它是由一黑、一紅兩根 K 線組合而成。如圖 4-21。

圖 4-21　一黑、一紅 K 線組成的「孕抱線」。

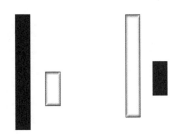

　　這個線型就像是個孕婦，肚子突出來，如果以長黑後的「孕抱線」為例，其意義是在一波下跌之後，一根長黑的隔日，突然跳空開高，而且還能收高，雖然收高後仍比昨天的開盤價低，但是其意義有如一路潰敗的多頭，突然一大早突襲空頭昨天攻下的土地，而且突襲之後，沒有撤退，反而在空頭的土地上立穩腳跟。

　　這是一種可能轉變趨勢的訊號，至少代表原來的趨勢即將中止，變成橫向盤整的現象。請看圖 4-22，在「孕抱線」的特徵中，❶看起來很像大人，❷看起來很像小孩。它們合起來一起看，又很像一個

懷了孕的母親,是吧?❸則是一個確認訊號。如果它是往上的話,那行情往上的機率就很高了。所以,也許有人會說是兩根 K 線的組合,我卻都喜歡用「三線組合」來看待它們。因為第三根 K 線是向下的,那往後的行情就得重新估量了!

圖 4-22 孕抱線的特徵。

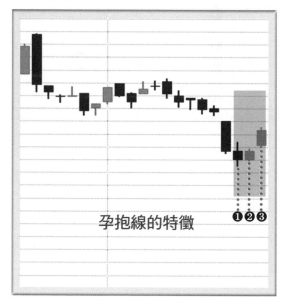

2013 年 5 月 22 日,發現「矽格」(6257)出現技術指標的「孕抱線」線型,它特別引起了我的注意。同時,我也發現一家我頗為心儀的外資也大量地買進了這檔股票。我當時就想,這個主力還真會依

據「技術分析」的原理照表操課！

　　然而，第二天 5 月 23 日大盤不好，權證下滑極快，股票則有守。我繼續觀察追蹤這檔股票的發展，發現主力似乎被套住了。

　　以下是「矽格」出現「孕抱線」時的日線圖：

圖 4-23　「矽格」在 2013 年 5 月 22 日出現技術指標的「孕抱線」線型

（圖片資料來源：XQ 全球贏家）

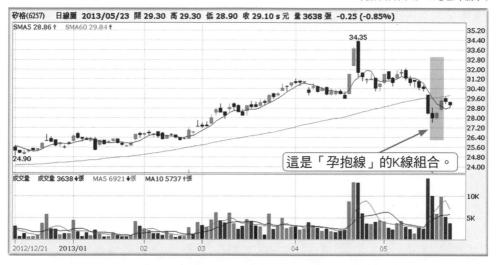

　　「孕抱線」的 K 線組合，一般都還會有高點可期。5 月 22 日、23 日已呈現量縮價穩的局面，再度放量上攻的機會很大。因為從籌碼面來看，這位主力在 5 月 21 日、5 月 22 日連續兩天大買 2,763 張，成本價是 29.3 元。另外一位也是外資的多頭主力，也在 5 月 23

日大買 1,294 張「矽格」股票，成本價是 29.13 元。如果大盤下跌，這兩位外資主力應該會護盤才對。尤其從當天尾盤最後一筆的上拉動作，可以預期「矽格」仍會有高價出現。

　　然而，事與願違。請見圖 4-24，自從「孕抱線」線型出現之後，「矽格」非但不漲反跌，情況相當不樂觀，顯然技術線型還需要「旁證」才行。

圖 4-24　「矽格」在出現「孕抱線」之後，股價跌跌不休，非常離譜。

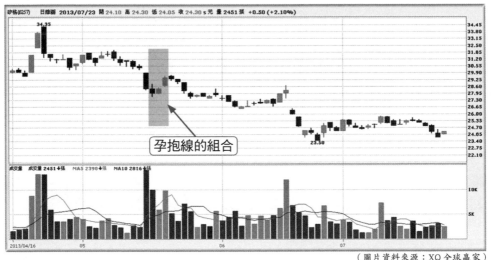

　　「矽格」在 2013 年 5 月 22 日出現技術指標的「孕抱線」線型時，本來應該是「喜事」一樁，但因為時間點正好在大盤就要大回檔的轉折點（見圖 4-25），所以變得「心有餘而力不足」。當依技術線型

指示進場的大戶或投資人都發現不對勁時，並未及時處理（前述大戶一直都沒賣，被套牢後也沒加碼買進），於是形同雪上加霜。拖到最後，甚至連跌停板都出現了，「非戰之罪」，是造成大家失望乃至絕望的原因。

今後，類此情況，千萬別再執著於技術分析怎麼說，而應迅速反向操作才是。這正合乎一句名言：「船快沉了！別再禱告，趕快逃吧！」

圖 4-25　「矽格」出現技術指標「孕抱線」的線型時，正好在大盤就要大回檔的轉折點。

（圖片資料來源：XQ 全球贏家）

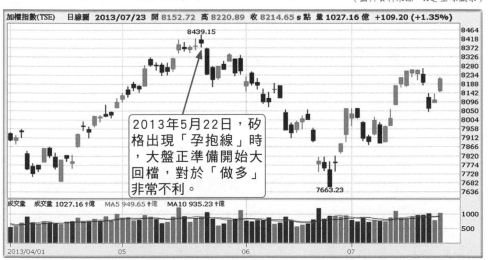

2013年5月22日，矽格出現「孕抱線」時，大盤正準備開始大回檔，對於「做多」非常不利。

▶ *Point* **06**　**暴量必攻漲停？要看主力的「誠意」**

有一名言說：「計畫，總是趕不上變化。」是的，在投資股票時，「觀察變化」總是比「通曉數據」重要。

我們對「數據」的了解，就好比跆拳道的「打形」，是初階的工作，真正登場技擊較勁的時候，可不是第一型、第二型…這樣來的。它是變化多端的，在變化中，我們必須觀察它的趨向。

我曾經追蹤一檔股票。這檔股票是隔日沖大戶喜歡介入的股票，經過我的研究，某一位隔日沖大戶總共在一年之內介入過四次。（目前他們已改變戰略，多找不曾介入過的股票為主。所以四次就算很多了）我對於他們在四次戰役的表現，簡直如數家珍、瞭若指掌。所以，我想試試看自己能不能「猜」出他們何時會來第五次戰役。結果，最近的一次，與我的想法有點小差距──提早了一點。但我還是搭上了車，與他們同步賺了便當錢。他們都是有 1 ～ 2% 利潤就要溜的游擊部隊。如果我不跟著出貨，可能就要倒大楣了。但我重要的不是賺多少，而是想要確認自己有沒有能力準確判斷他們出沒的時刻。

終於，我做到了。我的秘訣除了知道一些特殊的「細節」之外，就是從價量關係去研判。譬如「夜黑風高」，狼就出現；多少量產生，隔日沖大戶就會現身等等。o(∩ _ ∩)o~ 還真準嘿！

後來，我發現有一種與「量能」有關的指標，叫做「SAR 買進訊號」。經過驗證，我從這個指標發現，所謂的一檔股票當天可能的「量能」也是有變化的，在評估量能時還必須再加上一些人工智慧，這就是「經驗」。我在逮到前述「第五次戰役」之前，並不常用「SAR 買進訊號」，反而是利用自己對個股的敏銳感官去捕捉，相當準確，這就是熟能生巧。空中飛人在接人時能如此精準，憑藉的就是一再的訓練以及默契。我們如果能對主力的個性、個股的細節能夠了然於心，一旦有所變化時，一定也能得心應手！

關於「SAR 買進訊號」，我們舉「中美晶」（5483）為例：

「中美晶」這檔股票於 2013 年 6 月 27 日上午 9 時 3 分 4 秒，在股票專業軟體中出現了「SAR 買進訊號」。

「SAR 買進訊號」是什麼意思呢？

在一般的股票技術分析書中，很少有人論及。我是個喜歡把股票細節都研究得一清二楚的人，所以特別請教股票專業軟體的專家，得到這樣的解釋：它是一種「停損點轉向操作系統」，五日均量大於兩千張，股價表現優於大盤，今日開盤至 9:04 的成交量大於前一交易日同時段的量。

用比較淺白的語言來說，就是：這幾天的量都不算小，而今天開盤預估量還可能更大。

一般來說，股價只要不是下跌，量大是好事，因為股票才有動能。但是，我們也必須知道，開盤有量或量大於昨天，並不代表今天的量在收盤時一定比昨天有更暴量的結果。也許盤中量就縮了。所以，我們觀察技術指標不可過度執著，一定要靈活一點。

我們舉 2013 年 6 月 27 日「中美晶」（5483）的走勢為例，就很清楚了。它從上午 9：00 開盤後到 9：04 的成交量，確實大於前一交易日同時段的量。股票專業軟體非常精確統計出來，但它盤中就量縮了，直到尾盤被殺了下來，才看到了量又激增的情況，所以總計到收盤它的量（3248 張），卻仍不如前一個交易日的量（4518 張）。

圖 4-26　開盤暴量，不代表最後一定大於前一天，也許盤中量就縮了。

（圖片資料來源：XQ 全球贏家）

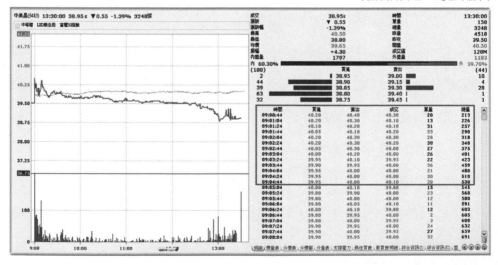

一波一波的暴量，很多時候表示「主力要動了」，有可能攻上漲停板；但更多時候，主力只是拉上去就殺下來，小玩一下當沖而已。那時候「量」又縮了，讓你空歡喜一場。原來主力是「玩弄感情」，毫無誠意。

　　結論：暴量一定會攻漲停嗎？要看主力有沒有企圖心，有沒有貫徹始終的決心！

▶Point *07* 隔日沖大戶搶短，提防長線主力修理

從目前台股生態看來，隔日沖大戶可說是市場最「給力」的主角。他們敢衝敢拚，非常活躍，獲利也真豐富。而長線主力總是比較低調，隱於幕後，平常不輕易露面，但在「適當時候」，他仍會像「超人」一般反穿內褲飛了出來，拯救世人、拯救股民，也拯救自己的股票！

您以為隔日沖大戶總是沾長線主力護盤的光、把貨倒給追價跟進的散戶而永遠「喝湯吃排骨」嗎？天下沒有白吃的午餐！夜路走多了，也會碰到鬼。您可能不知道，長線主力也會修理隔日沖大戶吧！

「大魚吃小魚，小魚吃蝦米」，在零合遊戲中也有很多趣味寫照。

在這裡我講一個真實故事，這一部分談的是隔日沖大戶的風險。

這檔股票叫做「華夏」（1305），是標準有長線主力照顧的股票。它雖不是動不動就漲停，可是，不漲停卻漲不停，非常穩健、很少重跌，每天漲一點，讓你完全看不出它的移動，但是從今年四月中旬的 14.1 元底部區到七月下旬的 20.95 元，漲幅已近五成！它的線型是從左下到右上，呈 45 度的仰角斜著前進。回顧這檔股票的發展史，再看看自己總是半路上車又下車，下車又上車，難免感慨萬千！

以 2013 年 7 月 23 日做截止日，這位長線主力最近一年，共買進「華夏」72,271 張，賣出 54,834 張，庫存還有 17,437 張。他是

多方陣營第一名，一年來長期買進的股票平均成本是 14.97 元，以 7 月 23 日收盤價 20.8 元計算，目前已經賺得熱淚盈眶了。感謝台灣股民惠賜「億」票（億元以上的鈔票）！這位長線主力的操作手法如下：

圖 4-27　華夏的走勢一直很穩，短短一季股價就漲了五成。

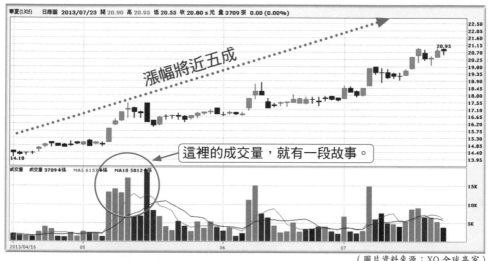

（圖片資料來源：XQ 全球贏家）

❶他買股票的動作是大喇喇的，惟恐天下不知；但賣股票時卻悄悄進行。買進時，以「大量」、「集中」為主，務必讓投資人看清楚他「做多」的決心和企圖心。一天買兩、三千張股票，是司空見慣的事。他一出手，就成了趨勢。誰還敢違背趨勢？市場上最驃悍的隔日沖大戶，也很難逆向對作，頂多只能搭個便車，然後狼吞虎嚥一番。不過，待會就會講到，隔日沖大戶連這點「夢想」也被掐熄了！

❷他並非「只買不賣」的「死多頭」，但賣的時候多採「小量」、「分散」為主。總的說來，他賣股票的天數肯定比買股票的天數多。好比從 2013 年 6 月 11 日到 7 月 23 日，他對於賣股票的事，可說不敢一日或忘，天天出貨、日日有進帳，但股票卻完全沒有大跌。可見他賣股票的舞步非常輕盈，惟恐驚醒了多頭的好夢！這點善意，也回向到了他自己的股票──還有 17,437 張的股票等著賣呢！

❸他近期最關鍵的大動作是從 2013 年 5 月 8 日到 15 日的連續大買：5 月 8 日買 1,674 張，9 日買 5,275 張，10 日買 5,313 張，13 日買 5,248 張，14 日買 153 張，15 日 3,008 張。這六天，總共買了 20,671 張！連續大墊底工作，奠定往後一季的爆發潛力。

❹他的大動作引起了隔日沖大戶的覬覦，無不想分一杯羹。然而，這些搶灘上岸的隔日沖行動被他看穿了。連買六天之後的次日，他祭出了狠招。5 月 16 日，他為了修理隔日沖大戶，一天之內殺出 1,328 張賣單，把隔日沖大戶整得七暈八素！紛紛中箭落馬！

❺經筆者的籌碼研究，一位知名的隔日沖大戶在「長線多頭老大」大買股票的幾天，天天玩當沖。當他 5 月 16 日買進千餘張股票時，就被他狠狠修理。這位隔日沖大戶當天買的成本是 17 元，收盤卻被殺到 16.3 元。5 月 17 日，隔日沖大戶仍被再次修理，最後只平均以 16.13 元低價出清。損失非常慘烈！

圖 4-28　知名隔日沖大戶在 2013 年 5 月 16 日、17 日兩天連續慘
　　　　遭長線主力修理。

（圖片資料來源：XQ 全球贏家）

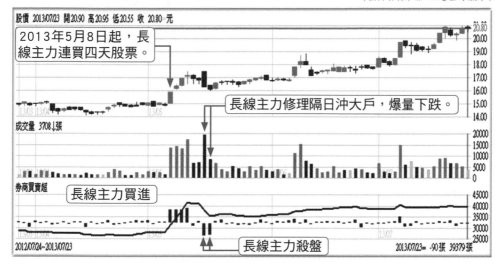

圖 4-29　知名隔日沖大戶在 2013 年 5 月 16 日平均買價 17 元，收
　　　　盤 16.3 元。

（圖片資料來源：XQ 全球贏家）

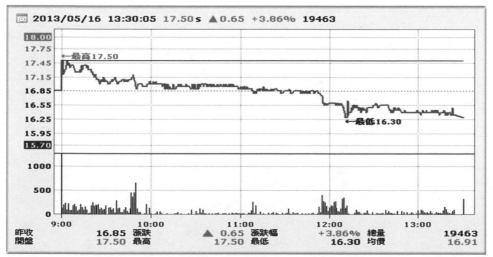

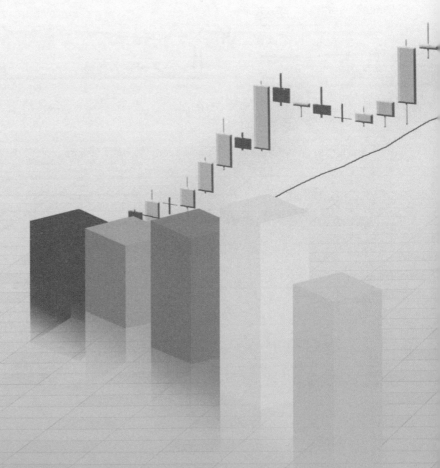

　方天龍實戰秘笈⑤：7個避險策略，決定你 98%的暴富成功率

Chapter 5

避險策略05：
做多＋放空，
練雙向操作。

▶ *Point* **01** 放空新論——放空已露疲態強勢股

以往很多人總說，放空要做「弱勢股」、做多要選「強勢股」，但台股有個麻煩，就是平盤下不能放空，而「弱勢股」往往在你發現它呈現弱勢時，已在盤下續跌。所以，理論上是可以放空，實際上根本不能「空」。所以，我們倒是可以尋找已露疲態、需要休息的強勢股在高點「空」它一下。

這是筆者的高足——聰明的李小姐的「放空」新論。這位在當沖理論的實踐上已經青出於藍的李小姐來信說：

方老師：

這幾天我傳給您看的當沖買賣成交單都收到了吧！哈哈，我吸收了方老師龐大的智慧結晶，再結合我自己的獲利模式，已經發展出一套獨家的「放空」新論。說真的，老師挑的股可真是強啊！站在巨人的肩膀上真的可以看得很遠！老師所選的股票都很犀利也很好做啊，每一檔都是「波動王」來著，呵呵，讓我省時省力許多，老選你的股來做，可別跟小女子計較吶，哈哈^^，感謝老師了！

龍哥的鐵桿粉絲 ×××

「聰明的李小姐」是我在寫信群發給讀者時的一個「暗號」，就是專指回覆給某位股市新手（在拙著《股票＋權證 必殺技》一書第20頁起，曾報導過此位讀者），她在經營精品店之餘，仍極用功學習股市絕技，並不時發明新招，寫信來和筆者討論。我從她不時提到我書上所說的要點及「名言」，甚至一些小比喻，就可以看出她真的是用心精讀過我的著作了。我常常在想，為何有些讀者還不能成為贏家呢？原因就是雖然買了書，卻並未潛心細讀，所以還沒得到強烈啟發的感動；如果您是真的用心學習了，應該發現我的書並非空泛的理論，而是處處都有實戰基礎的獨家心得。

李小姐的來信很勤，下筆千言，一揮而就，足見才思敏捷。由於長久以來已經建立了一些互信，偶而我也告訴她，我買了什麼股票。不料，她總能在比我慢了一步之後，還能找到更適合的高低點加以放空或做多，從她成交單上的高低點位置之精準，我肯定她已經青出於藍了──往往比我買點還低，比我賣點還高！我開玩笑地說，她老是「吃我的豆腐」，因為股票是我花了一整晚時間研究選出來的，她卻賺得比我還多！呵呵 ^_^ 以她目前的當沖功力，我相信市場上能比她高竿的沒幾個！曾經有許多著名的財經雜誌要採訪我，都被我婉拒了。本來我覺得有點虧欠，打算把李小姐推薦給那些到處在找「民間股市高手」的採訪編輯，但李小姐顯然受到筆者低調的影響，態度也

有所保留。

　　李小姐精彩的「多空」論，經筆者了解之後，覺得也有若干新意。本來這只是她的「不傳之秘」，但我覺得買我的書的讀者，都是有緣人，讓少數人成為贏家，一直是我的理想。所以特別徵得她的同意，放在本書中，讓本書更添異彩！成交過程都是真實的，且經過筆者審閱，絕無虛假。以下是經過筆者整理出來的獨家心法，感謝李小姐願意提供給我有緣的讀者，算是筆者《放空賺更多》一書（2011 年 9 月恆兆文化出版公司出版，洽詢電話：02-27369882）的最新補充吧！

一、放空試單時，萬一被軋當天不加碼：

　　強勢股很難預測次日是否會續強、有沒有更高價，所以可先試單一張。只是一張，成敗的壓力不大；萬一被軋時，當天暫不加碼。

　　例如「和進」（3191）是一檔上市公司電子類股，做的是「零組件」的生意，屬於台灣模具沖壓指標之一。由於股本很小，只有 5.47 億元，而且又有信用交易（見圖 5-01，融資五成，融券九成），常常被大戶們作為炒作的對象。

　　我們看「圖 5-02 的「和進」日線圖，可以發現它是一檔「左低右高」、上檔沒有阻力的強勢股，很難想像這樣的小飆股也能「多空雙向」操作吧？

圖 5-01　「和進」是一檔可以信用交易的股票。

3191和進		個股代碼/名稱：	查詢
股價　重大行事曆　警示資訊			
市場別	集中	交易狀況	正常
主管機關警示	正常	撮合作業	正常
單筆預繳單位	0	累計預繳單位	0
融資買進交易	正常	融券賣出交易	正常
融資賣出交易	正常	融券買回交易	正常
融資成數	50%	融券成數	90%

（圖片資料來源：XQ 全球贏家）

圖 5-02　「和進」是一檔「左低右高」、上檔沒有阻力的強勢股。

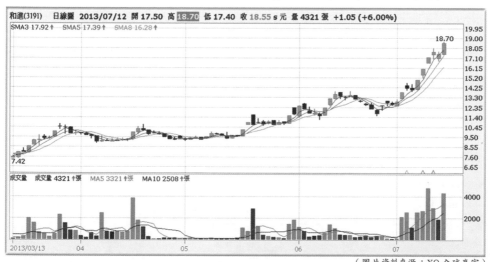

（圖片資料來源：XQ 全球贏家）

但是，「矛」和「盾」究竟誰比較強呢？自古即沒有定論，完全看使用者的功力如何而定。強勢股強則強矣，但也可能有休息盤整、喝口茶再走的間隙，可以小「空」一下。

2013年7月9日，李小姐選擇這一天放空「和進」，是因它已漲停三天，第三個漲停盤中沒鎖上，她覺得有「投機」的空點，於是就用融券去「空」它，成交價是16.95元。不料，這檔股票當天還是很強，尾盤竟然仍鎖上了漲停板17.15元。

圖5-03　2013年7月9日的「分時走勢圖」。（圖片資料來源：XQ全球贏家）

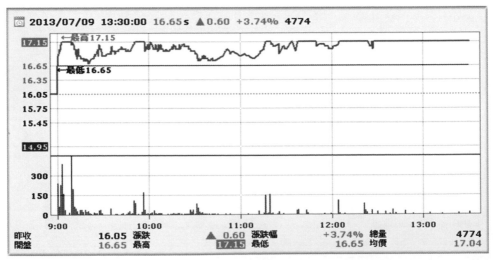

不過，不用怕。李小姐當天只是以一張融券的賣單作為「試水溫」的單子而已。根據李小姐的理論，她的做法是：見到「和進」的股價仍如此強勢，當天不必急著認賠回補，也不必加碼。

李小姐告訴我它「空」和進的時候，筆者有點驚訝，因為我是做多賺錢的，她放空能賺錢嗎？何況我發現「和進」的主力始終有「誘空」的企圖。不過，儘管如此，李小姐最後仍然「放空」成功了！

二、次日若開高，注意高點再加碼放空：

被軋的第二天如果仍開強勢盤，可以再尋找高點加碼放空；如果開弱勢盤，那昨日放空的試單，就有機會獲利。

據李小姐的解釋：不怕做錯，只怕錯過！萬一它開在盤下時，那昨日的試單就穩操勝券，別人卻可能根本就空不到，因為按照規定，很多股票都不能在平盤下放空的。所以，沒有先行試單，就會失去機會。

例如以李小姐放空「和進」一役來說，次日（2013年7月10日）「和進」又開強勢盤，一般人就傻眼了。而李小姐卻是趕快積極地尋找它的高點加碼空它，結果空到17.5元跟18元各一筆，（當天最高價是18.05元），後來利用低檔時全部回補在17.2元（當天最低價是17.15元），而它的收盤又強拉到17.7元。

這是一次成功的當沖——先券後資，資券沖銷。

如果不回補，往後更有機會低補。因為從線型上看，「和進」開始要休息了。2013年7月11日「和進」開盤17.1元（比昨日收盤低了0.6元），最低到16.85元，後來又拉到最高17.75元，收盤卻只收17.5元。

圖 5-04 2013 年 7 月 10 日「和進」的「分時走勢圖」。

（圖片資料來源：XQ 全球贏家）

圖 5-05 2013 年 7 月 11 日「和進」的「分時走勢圖」。

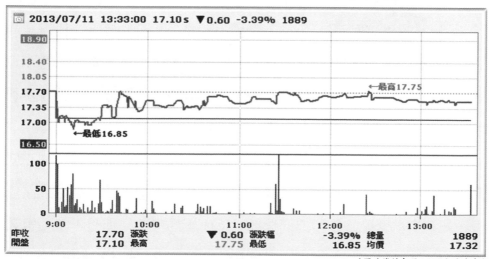

（圖片資料來源：XQ 全球贏家）

圖 5-06　2013 年 7 月 12 日「和進」的「分時走勢圖」。

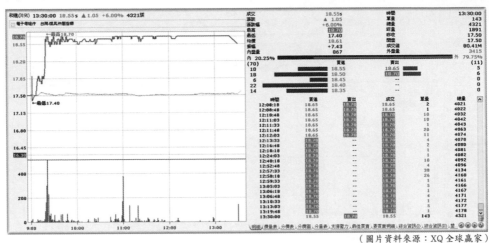

（圖片資料來源：XQ 全球贏家）

　　李小姐在 2013 年 7 月 9 日融券放空一張 16.95 元的「和進」，
只是試單；如果次日沒加空單 17.5 元和 18 元各一筆，那麼第三天（7
月 11 日）也沒高點可空了，自然也沒「肉」可吃。她所以利用當沖
方式當天就用融資買進同樣數量的股票軋掉，是因為考量到主力「天
威難測」，或許又強拉漲停也說不定，所以為了安全起見，「有獲利
就補單」是比較保險的獲利之道。

　　當然，李小姐的當沖功力異常了得，一般人可能不容易抓到高低
點、圓滿達成當沖的任務；尤其股市新手眼見收盤又拉到高點或漲停
板，難免有些緊張，常常追高殺低，反而容易失敗。但是，李小姐在
次日開高再加碼放空的膽識，倒是值得學習。基本上，我們第一天（7

月 9 日）想要放空，已經具備了一些理由（連續三個漲停板了，不該休息嗎？）。如果這樣的思考是合理的，那麼次日也就有更堅強的理由放空了。這不很合邏輯嗎？

李小姐這套理論的最大精義是在克服人性的兩大弱點——貪婪與恐懼。您是否也注意到，當行情不好、股價大跌時，所有的個股都會急殺。然而在盤下接近跌停的時候，有誰敢買嗎？一般散戶是不敢買的，在低檔接單的一定都是主力大戶。因為只有他們因為錢多而不感到恐懼。而在高檔「軋空」的時候，股價越往上走，散戶敢加碼空它嗎？誰敢貪婪呢？也只有高手敢！股神巴菲特大師不是說過了嗎？「你要在別人恐懼時展現貪婪；在別人展現貪婪時恐懼。」畢竟散戶有個不變的弱點：一怕，二貪，所以該買時常常猶豫，該賣時往往不捨。要克服這種心理，說來容易做來難。

能收服恐懼貪婪，股市 EQ 就可以過關了。

股價的起落，是一場恐懼與貪婪的心理遊戲。對付這一場心理遊戲，我們應該不存僥倖之心，也不被「猶豫不決」所打敗。因為僥倖是加大風險的罪魁，猶豫則是錯失良機的禍首。我們如何能排除風險而又不錯失良機呢？那就是：儘量常保持空手，那麼就天天有大量現金（相對於滿手股票、現金自然短絀）可「空」可「多」了。

滿手套牢股票的人，現金就變少了，有時要做多、做空都不方便，並且有所顧忌。可是，一個隨時保持空手的人就有大量的資金可以運用。不論在多頭、空頭時期，都有機會做多做空，非常靈活。

李小姐在這一點上，做得非常好，她經常保持空手狀態。

例如「邦特」（4107）在 2013 年 7 月初是強勢股，筆者多半是做多取勝的，但李小姐卻認為這檔強勢股在某些日子一樣也需要休息，所以她在 2013 年 7 月 8 日就放空了「邦特」，成交於 46.45 元（當天被軋到 46.65 元，她也不回補），第二天她才用「融券買回」的方式，以 45 元的最低價補回。然後，第三天她就反手改為「做多」了。

圖 5-07 的 7 月 8 日「分時走勢圖」，李小姐就是在這一天放空「邦特」的；再見圖 5-08 的 7 月 9 日「分時走勢圖」她在這天以最低價融券補回「邦特」。圖 5-09 是 7 月 10 日的「分時走勢圖」，「邦特」在

補回之後，再度轉強。圖 5-10 是 7 月 11 日的「分時走勢圖」，「邦特」稍事休息了一天。圖 5-11 是 7 月 12 日的「分時走勢圖」，「邦特」再度發威，最高曾衝到 48.8 元！

在這段「邦特」的強勢表態過程中，李小姐卻能在「火中取栗」，確實是不簡單的！如果不是很會做當沖的人，恐怕在放空於 46.45 元見到股價已軋到 48.8 元，早就認賠殺出了。這就是高手的傑出能耐！相信這對其他的讀者應該有重大啟示吧！懂得多空交叉運作，首先要能看清個股的強弱力道、摸得到個股的高低點，然後還要有良好的資金控管能力，不能在做多做空之際，還有後顧之憂啊！

圖 5-07　2013 年 7 月 8 日「邦特」的「分時走勢圖」。

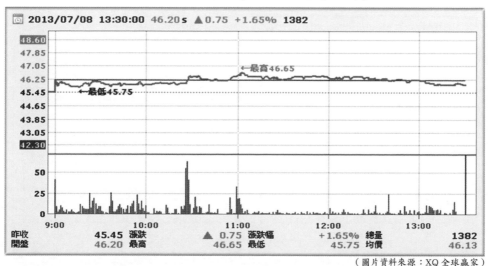

（圖片資料來源：XQ 全球贏家）

圖 5-08　2013 年 7 月 9 日「邦特」的「分時走勢圖」。

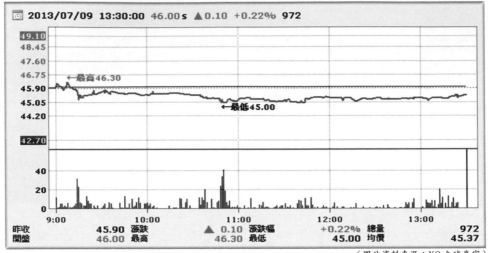

（圖片資料來源：XQ 全球贏家）

圖 5-09　2013 年 7 月 10 日「邦特」的「分時走勢圖」。

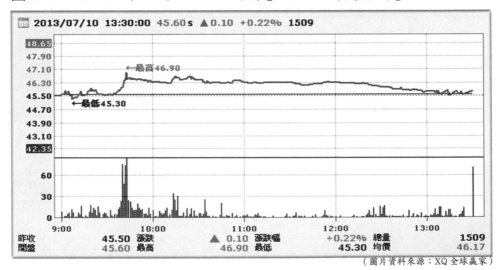

（圖片資料來源：XQ 全球贏家）

圖 5-10　2013 年 7 月 11 日「邦特」的「分時走勢圖」。

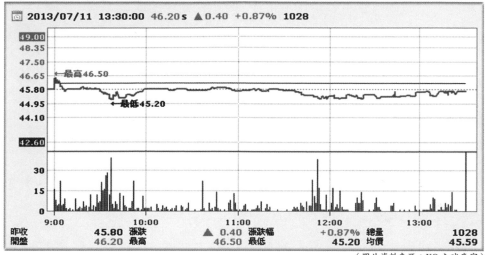

圖 5-11　2013 年 7 月 12 日「邦特」的「分時走勢圖」。

04 　國喬激戰中暗室取火，平盤上點燈獲利

　　再舉個例子，「國喬」（1312）在2013年7月9日算是熱門股了，因為當天股價收盤19.5元，漲幅是5.98％；成交量則高達14,651張，是五日均量（7,089張）的2.06倍，也是十日均量（6,127張）的2.39倍。這檔股票當天非常熱門，筆者許多讀者都來信說買了權證，我自己也在第一時間買進「國喬」股票，當晚研究發現這檔股票也有不少隔日沖大戶介入，勢必得跟著殺出，才不會吃了眼前虧。果然次日（2013年7月10日），「國喬」在上午9時15分零2秒就是最高點（20.15元，漲幅3.33％）了！筆者也以高價賣出了。

　　碰到隔日沖大戶攪局的股票，沒有次日上午開盤一刻鐘內殺出股票的人，都會後悔不已。筆者就接到很多讀者來信表示，手腳慢了一點，沒立刻賣出，後來就沒好價格賣了。

　　然而，我們的李小姐在2013年7月9日並未跟進買到股票，卻能在次日（2013年7月10日）以「做多」的方式賺到「當沖」的錢，可謂「奇蹟」。因為很多高手如今都慣於利用「隔日沖大戶」重施故技的次日先券後資做「當沖」（這也是現今隔日沖大戶買股票的次日雪上加霜的原因），李小姐卻能在這個節骨眼「做多」賺錢。

　　據李小姐的說法，她是看我高價賣出後，低價不回補有些可惜

（最低價 18.8 元），同時她觀察大單殺到 18.8 元了，覺得既然是強勢股，下殺時低接應有反彈。所以，她就接了 18.9 元的融資買單，然後立刻預掛平盤的融券賣單等待軋掉。她是這樣想的：如果「國喬」股價能到得了平盤（19.5 元）的話，就讓資券沖銷當天軋掉；萬一到不了平盤的價格、沒賣出去的話，買到 18.9 元的「國喬」也算是夠安全的價位了，次日仍有機會賺錢。

李小姐的思維果然是應驗了。這檔被隔日沖大戶在 2013 年 7 月 10 日當天狠狠下殺到 18.8 元的「國喬」，真的不久就反彈到平盤 19.5 元的位置，讓李小姐所掛的融券賣單成交了。她也完成了計畫中的當沖成功任務！

從李小姐的操盤動作，我們可以看出「多空」也者，如何看待，標準並不一致，就看您對價位的掌握是否熟諳。研判多空走勢固然重要，是順勢而為，抑或逆勢而為，都能賺錢。

所謂「牛賺，熊賺，豬被砍」意思是說，牛市（bull market）是大多頭市場的時代，熊市（bear market）是大空頭市場的時代，有能力的人不論做多或做空，只要認清所處的「位置」雙向操作、不自我設限，一樣都可以賺到錢，只有笨得跟豬一樣、不知變通的人，才會被修理得傾家蕩產！

只要掌握高手的秘訣，「多空」雙向操作，運用之妙，存乎一心。

圖 5-12　2013 年 7 月 9 日「國喬」的「分時走勢圖」。

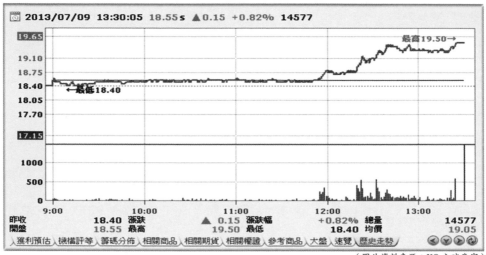

圖 5-13　2013 年 7 月 10 日「國喬」的「分時走勢圖」。

2013 年 7 月 3 日下午 7 時 28 分，筆者接到一位「建檔讀者」的來信。他對我為何在今年 3 月 27 日回信給他，建議他買「力旺」，有些不解。其實我已忘了此事，直到把他的舊信找出來看，才想起原來他提了五檔股票問我，而我是純粹就線型來看，覺得他特別適合介入「力旺」。基本上不是我刻意介紹他這檔股票，而是發現他舉出的另外四檔股票的線型都不好、本質也較差，才建議他這位在電子公司擔任主要幹部的上班族買這檔股票。由於已經看過這檔股票的所有資料，所以後來許多讀者問我可以買什麼股票時，我都提到「力旺」。

現在，我們來回顧一下這位讀者的問題：

> 方老師好！
>
> 我女朋友在「力旺」上班，所以我對「力旺」有一種莫名的感情。非常感謝老師在今年 3 月 27 日給我指點，要我介入「力旺」長期抱牢，省了我不知多少看盤、注意股票的時間。我們上班族都很忙，一直在加班，實在沒辦法注意股票，但我和我女朋友兩個人就是用融資一直買、一直存這檔好股至今，現在加起來已經有一百五十多張（另外

還有老師建議的幾張「和泰車」股票，是 158 元買的，已經漲了快三倍），最近我們決定結婚，所以已照老師的意思把它賣掉，用來買我們的新房。老師真是我們的恩人！

最近我在看老師的書時有一個疑惑，為什麼老師書上有時用兩條均線是 20 日均線與 60 日均線的交叉，有時又是用 5 日均線與 240 日均線的交叉，來作標準決定買賣點呢？

那 3 月 27 日老師又是用什麼標準建議我們長期抱牢「力旺」呢？現在回顧您介紹我們買進的日期，覺得老師真是有先見之明的股神啊！佩服之至！

知道老師超忙，請不要立刻回信，等有空時再回覆學生吧！祝：

　　　　方老師操盤愉快

　　　　　　非常感激您的學生 ×××

　　這位讀者的問題，很多人也常問我。實際上，這是牽涉到多空趨勢研判的問題。我很驚訝的是，筆者在去年（2012 年）11 月 17 日買的「和泰車」（2207），當時價格是 146.5 元及 147.5 元，我曾經發「群發」信給讀者建議買進。結果我們都在 170 元以上就出掉了！此事在筆者的著作《你的選股夠犀利嗎？》（恆兆文化出版公司

出版，洽詢電話：02-27369882），曾經披露過。沒想到這位讀者竟然還抱到最近才賣掉！和泰車如今已經 400 多元了，這真不是我當初可以想像的發展！

我常常說，不要用一種指標來看行情，因為時間點的不同、操盤者的個性和需求不同，自然就需要各種不同的指標來決定選擇的角度。可是，股市新人通常都很懶得研究，似乎一個個都巴望只需要一個標準就可以打天下了，所以他們發現教科書上寫的明明是什麼數據，卻不是那麼回事，於是就沒有信心了。這是一種盲點。如果股市那麼簡單，筆者何必每天花十個小時在鑽研股票呢？

現在，請看圖 5-14，這是「力旺」在我建議讀者某先生買進做多「長抱」的時間點。從讀者開始長抱迄今，股價都沒什麼大跌過。實際上大盤在這段期間並不平靜，而是經歷過大幅度調整的，尤其是 5 月 22 日（最高 8439 點）到 6 月 25 日（最低 7663 點），雖然只跌了 776 點，不過許多讀者來信已可見到「做多」是非常困難的。這段期間讀者來信，我多半建議改做「空頭」。請看圖 5-15。

圖 5-14 筆者在 2013 年 3 月 27 日建議讀者長抱「力旺」。

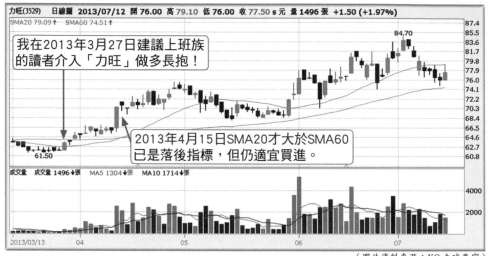

（圖片資料來源：XQ 全球贏家）

圖 5-15 大盤在 5 月 22 日（最高 8439 點）到 6 月 25 日（最低 7663 點）之間，跌了一大段。

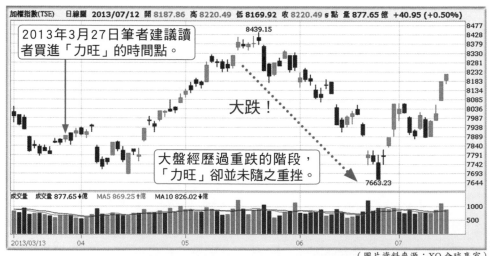

（圖片資料來源：XQ 全球贏家）

▶Point 06 掌握多空方向，才能長久抱牢

我們在做股票時，最重要的是拿捏「趨勢」，也就是掌握「多空」方向。至於「價格」的漲跌呢？也正是依附在一系列「趨勢波動」所構成的變化。所謂的「趨勢」並非一味朝向某一個方向直線前進，而是有曲折的，這就形成了「峰」與「谷」，也就是「頭部」與「底部」。

股市賺錢的秘密，就在研究「峰」與「谷」、「頭部」與「底部」的位置在哪裡，誰能夠正確掌握它的「轉折點」，誰也就擁有了「藏寶圖」！

趨勢只有三種：上升趨勢、下降趨勢、橫盤趨勢（也叫「橫向」趨勢）。

圖 5-16　這是「上升趨勢」圖。

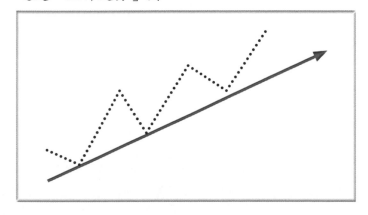

圖 5-17　這是「下降趨勢」圖。

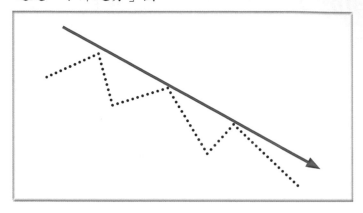

圖 5-18　這是「橫盤趨勢」圖。

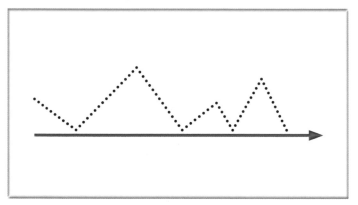

　　在趨勢研判中，技術分析所可以採用的方式極多，各種指標層出不窮，就筆者所知道的就有 CDP、PSY、AR、BR、VR、ADR、TAPI、ADL、OBOS 等等一百多種，說實在的，儘管我每天花十個小時在研究，有些最新的技術指標，我也不太懂，曾經請教過一些學者專家，

結果對方總是含糊其詞、不知所云，最後只能告知「機密不可外洩」作結束，想來他們也是一知半解吧！其實整本書都是一些「中看不中用」的計算題，繁複艱澀，僅是唬唬外行人的，不學也罷！因為現在很多股票專業軟體都已經幫我們「計算」出來了，何必浪費篇幅去買那些「死資料」呢！我覺得傳統幾種技術指標反而比較可靠；也許正是由於較為精準，所以能流行至今吧！以一些專家常說的技術指標CDP來說吧，我保證是精通的，可是驗證的結果，我覺得有時準，也有時不準。那又何必花那麼多時間去計算呢！直接看看機器算出來的結果吧！

　　技術指標的功能不外是提供交叉買賣訊號、超買區或超賣區之所在、牛市背離（正背離）或熊市背離（負背離）、趨勢線原理和價格的型態。其中我認為「移動平均線」（MA）、隨機指標（KD）、相對強弱指標（RSI）、指數平滑異同移動平均線（MACD）是個股買賣時最為一般人所常用，也是最準的。除此之外，我個人覺得，乖離率、寶塔線（最好以三日為參數）。和 DMI（趨向指標）、MTM（動量指標，即時日線 10 日 MTM 值由負轉正）、OSC（震盪量指標）以及威廉指標、SAR（停損點轉向操作系統），都值得探究。

　　對於股市新人來說，最需要學習的操盤知識就是「移動平均線」的多空趨勢研判。在過去，筆者在其他的著作上常常提到，但是我使

用的日線圖上確實並不一定是一樣的，因為這得看我當時的需求是什麼。

基本上，「移動平均線」比較常見的是：

❶ 5 日移動平均線。一般叫做「周線」。從前上班是六天，所以是 6 日移動平均線，現在改為周休二日了，所以你再看舊書就奇怪了。

❷ 10 日移動平均線。一般叫做「雙周線」。兩周只有十個交易日，故名「雙周線」。

❸ 20 日移動平均線。一般叫做「月線」。

❹ 60 日移動平均線。一般叫做「季線」。這是法人的成本區。

❺ 120 日移動平均線。一般叫做「半年線」。

❻ 240 日移動平均線。一般叫做「年線」。

大抵來說，這六條線是最常見的。但是，投資人可依其需求分為短線投資人、中線（或波段）投資人、長線投資人，每個人的需求並不一致，採行的移動平均線交叉觀察，也當然並不一樣。所以，現在就可以為股市新手解答了，並不是 20 日交叉 60 日均線向上，就是最好的買進點； 也並非 5 日交叉 240 日均線向上，就是最好的買進點。每個人的需求不一樣，還有大盤所在的位置也不一樣，豈可每次都用一樣的標準。

以我的過去的經過，喜歡用 5 日交叉 240 日均線來看大方向，

並觀察某一個股適不適合介入。

　　如前述我建議某讀者買「力旺」，如果以5日交叉240日均線的結果，就如圖5-19。

圖 5-19　「力旺」的5日和240日交叉向上圖。（圖片資料來源：XQ 全球贏家）

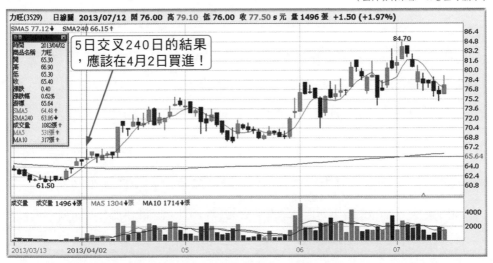

　　如圖 5-19，SMA5 交叉 SMA240，是應該在 2013 年 4 月 2 日買進。這樣的時間點也沒錯，距離我提出建議的 3 月 27 日也相距不遠。

　　再回頭看看圖 5-14，這是月線和季線的交叉向上，日期是 4 月 15 日，雖然比起我建議的 3 月 27 日已經晚很多，但卻是可靠的訊息。因為季線是法人的成本區。一般來說，在季線上方的股票比較適合做多；在季線下方的股票比較宜於做空。所以，如果沒有什麼特別的原因，我都是用月線交叉季線的標準來講解一檔股票的位置是好是壞。

　　研究股票的人有自己的獨門秘招或獲利模式，這才是股市秘笈，而不是專家學者唬弄外行人亂七八糟的學術「術語」。

　　有一次，在「XQ 全球贏家」股票專業軟體的說明會上，我認識了一位專門教股票的老師戴柏儀先生，他就向我提示了一種以 42 日移動平均線的方法，來做波段操作。據他表示這是他研究出來的、很有效益的模式之一。還有一位陳立本老師，他則是使用 22 日作參數，據說準確度很高。可見操盤的方法很多，並沒有一定的答案。至於我嘛，當然也有很多「不傳之秘」。但是，今年 3 月 27 日如何看出「力旺」的未來，並向讀者明白宣告「力旺」可以買進的呢？其實，說穿了，也不算什麼天大的秘密。只不過我是一個「短線」的操作者，短

線觀察線型自然比長線更精準。能做短線的人，中長段當然更能做。只是習慣不同，短線操作者可能抱股票抱不牢，無法一次賺大量的財富（例如「和泰車」，我就只賺到 30 多元，無法抱到 400 多元）。但真正善於分析的行家，一定是研究短線的人，因為長線的變數太大，說不準的，只能且戰且走。很多宣稱長線致富的人，多半是買進時間點的巧合（例如 2009 年做股票很容易大賺）而已，換個時間就可能輸得一屁股了。

不瞞您說，我是用 3 日、5 日、8 日三條均線作觀察的。以「力旺」（3529）來說，3 月 27 日就是非常肯定的買點了。請看圖 5-20。

圖 5-20　2013 年 3 月 27 日，「力旺」3、5、8 日線糾結在一起。

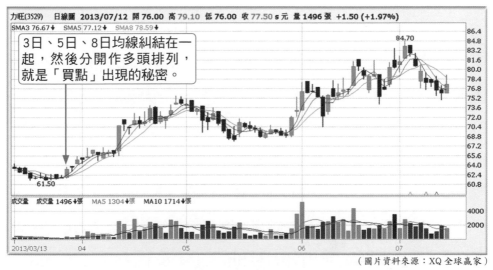

（圖片資料來源：XQ 全球贏家）

在圖 5-20 中，「力旺」的 3 日、5 日、8 日均線都糾結在一起。我們再看圖 5-21，2013 年 3 月 27 日的三條線的數據：SMA3 是 62.4，SMA5 是 62.12，SMA8 是 62.05。這三條線的關係是 SMA3 ＞ SMA5 ＞ SMA8，也就是說，這三條均線的短天期和長天期已經交叉向上形成所謂的「多頭排列」。這就是初步觀察的多空方向。

其次，看圖 5-21，我們再觀察它的量，2013 年 3 月 27 日的量是 346 張，五日均量是 154 張，十日均量是 163 張。當天的量已是五日均量的兩倍多了，所以這樣的「價量」格局都不錯。

看圖 5-22，「力旺」在 2013 年 3 月 27 日的成交量擴大之外，它的 RSI、KD 值都呈現黃金交叉了，寶塔線、MACD 也翻紅了，全都是正面的表述，此外，我也從 DMI、威廉指標…等等其他的技術面的含義看過它的資料，確定這檔股票適合長期做多，才告知讀者買進。

3 日、5 日、8 日均線都糾結在一起，然後再向上岔開，就是要上漲的訊號。這叫做「三線開花」。當然，我以前是習慣用 20 日、60 日、240 日這三條均線作參數，這也叫「三線開花」。我覺得如此研判趨勢，也很犀利！「三線開花」可用於做多，也可以用於做空。交叉向上，便是做多；交叉向下，就是做空，道理同一。至於 3 日、5 日、8 日的運用，一般都是短線的觀察，長線價值論者最好不要如此採用。做波段的人，仍以 20 日線和 60 日交叉為趨勢研判方法較好。

圖 5-21　力旺的技術面數據。

（圖片資料來源：XQ 全球贏家）

查價	⊠
時間	2013/03/27
商品名稱	力旺
開	62.00
高	63.70
低	61.90
收	63.40
漲跌	1.50
漲跌幅	2.42%
游標	62.51
SMA3	62.40 ⬆
SMA5	62.12 ⬆
SMA8	62.05 ⬆
成交量	346張 ⬆
MA5	154張 ⬆
MA10	163張 ⬆

圖 5-22　「力旺」在 2013 年 3 月 27 日的各種技術指標。

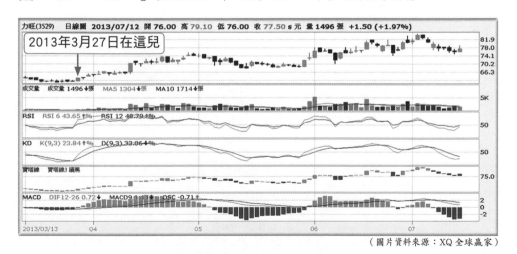

（圖片資料來源：XQ 全球贏家）

避險策略 05：做多＋放空，練雙向操作。

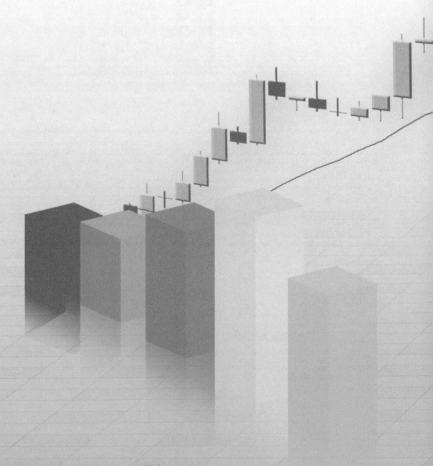

Chapter 6

避險策略06：
學避險基金，
同類股對作。

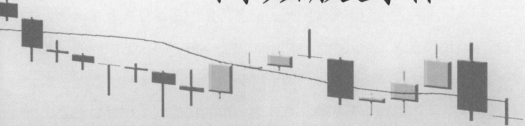

▶*Point* **01** 避險講究時機，選購商品要有關連性

談到「避險」，我總是想起一句話：「樂觀者即使跌到水塘中爬起來，也要順便抓起一條魚。」因為避險的策略，其實就是借用取得相關商品的另一方面的利益，以彌補自己在某一方面的損失。」這是我的獨家解釋。

從筆者這樣的「定義」中，我們可以得到兩個關鍵的概念：

❶用甲彌補乙。

❷甲必須與乙有一定的關連。

好比現今的大型超市環境明亮、商品標價明確、整齊乾淨衛生，已經深為民眾喜愛，所以大部分都市居民都不再去傳統的那種嘈雜髒亂的菜市場購物了。但假設你的隔壁就有傳統菜市場，為了方便，人們還是會去菜市場買菜。那麼，有什麼可以彌補的呢？那就是「菜市仔」老闆親切的招呼、送把蔥、薑、蒜等等小利小惠，價格也比較有殺價的空間。

如果把「避險」比喻作「為股票買保險」，意思也差不多，橫直都是「彌補」損失的一種策略。例如，當你買股票的同時，就順便空了幾口「期指」，一旦指數下跌，你在期貨市場的獲利，就能彌補一些「現貨」的虧損。

為什麼說在避險商品的選擇上，必要有「關連性」的條件呢？因為這其間的「互動性」非常重要，否則就難以「避險」了。進一步來說，如果是同樣買股票，買「甲」虧，買毫無相關連的「乙」也虧，那就是「兩邊挨巴掌」，根本談不上「避險」，反而是增加一倍的風險。甲有風險、乙也有風險，又如何能相互彌補損失呢？

如果拿政治來作比喻，可能更容易懂了。好比台灣的某些商界集團在 2000 年總統競選的時候，他們一方面對國民黨作政治獻金，可也悄悄地給民進黨的某些政治人物資金濟助。這就是「雙重承認」？不是的，他們是兩邊都「壓寶」，也就是不論其中任何一方得勝了，對他們來說，都很有利，也不會因投資了得勝者的對手，而遭當權者嫉恨。他們這種雙重投資，正是一種「政治風險」的「避險策略」！

同時「壓寶」兩大政黨是「避險」；同時放空期貨與做多現貨，也是一種「避險」，原因就是這兩樣「標的物」是有「關連性」的。

除了「關連性」之外，我認為避險的「時機」也很重要。因為「避險」是需要「有險」才必須「避」；如果沒有危險，何必「避」呢？如果你知道如何「避險」的話，應當明白：「避險」的策略，總難免會抵消一部分收益。當大多頭時期，無論怎麼做多，都惟恐錢不夠多時，不但不該避險，還應運用融資、權證等等以小搏大的方式去讓股票收益更大化才對。何必避險呢？

避險不是雙向操作，也不是和自己對作，而是擔心會有危險而買一個「保險」而已。故「避險」也要有先見之明，要非常懂得多空的方向，才能決定避不避險。例如從圖 6-01 的「月線圖」，我們就可以看出，2007 年底到 2008 年底這段期間的行情是大空頭。多頭在這段期間如果要做多的話，一定要「避險」，否則很危險。相反的，從 2009 年到 2011 年之間，則是一個大多頭，做多很容易賺錢。據說「從十萬賺到千萬」的權證小哥就是在這段時間暴得大富。因為他採取的是以小搏大的「權證」，比用融資或現股做股票都賺得更快。

「權證小哥」的快速發跡，與「時勢造英雄」很有關係。他買認購權證的「時機」非常英明。若他在 2007 年底到 2008 年底買認購權證，那可不一定這麼厲害了。時間點的抉擇之重要，由此可見。據我所知，自從他投資成功之後，也都採取了「避險」的策略，有一部分股票做多，也有一部分做空。不然龐大資金在 2011 年到 2013 年這段「盤整期」也可能再度賠光的。當然這種機會不大了，因為一個成功的贏家，除了賺到大錢之外，通常也累積了相當的經驗和智慧。

請看圖 6-02，從大盤的日線圖來看，2013 年 4 月 16 日到 5 月 22 日之間的多頭行情，是由外資主導的。「怎麼上去，終免不了怎麼下來。」果然從 2013 年 5 月 22 日到 6 月 25 日，就是一段大回檔的日子，買認購權證很容易受傷的。避險策略格外重要。

圖 6-01　2007 年底到 2008 年底的行情是大空頭，2009 年到 2011 年則是一個大多頭。（圖片資料來源：XQ 全球贏家）

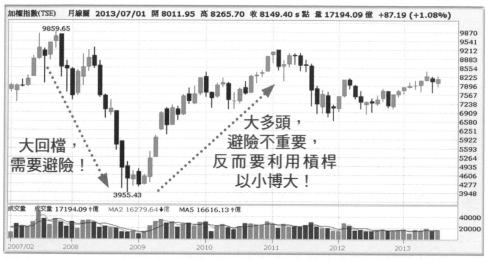

圖 6-02　2013 年 4 月 16 日到 5 月 22 日是由外資主導的多頭，怎麼上去，終免不了怎麼下來。避險策略格外重要。

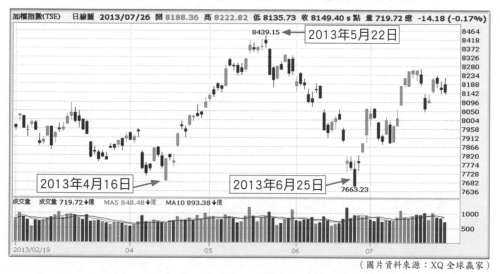

（圖片資料來源：XQ 全球贏家）

▶ *Point* **02** 何時該避險，外資期貨布局窺端倪

外資目前在台股的每天買賣超，非常驚人。以 2013 年 7 月 30 日來說，集中市場三大法人合計買超 84.35 億元，其中外資的比例有多大，請看表 6-1 就知道了。由於外資擁有全球第一手的資訊，因此外資的多空動向是很有參考性的。我們只要了解外資的多空看法，就比較容易「避險」。目前大部分股市高手都是從外資在台指期貨留倉部位來觀察多空的方向，因為期貨的槓桿大而且速度快，因此是外資多空的操作標的，所以只要分析一下外資的期貨部位是多還是空，就可以知道外資對於後市的看法了。

至於要如何知道外資的多空部位呢？可以到臺灣期貨交易所的網站（http://www.taifex.com.tw/chinese/index.asp）上查詢，每天下午 3 點左右，期交所就會公布外資今天的期貨留倉狀態。

表 6-01　2013 年 7 月 30 日集中市場三大法人買賣超金額。

單位名稱	買進金額	賣出金額	買賣差額
自營商	4,293,503,376	3,294,262,638	999,240,738
投信	1,272,150,880	1,586,155,139	-314,004,259
外資及陸資	21,833,982,000	14,084,487,422	7,749,494,578
合計	27,399,636,256	18,964,905,199	8,434,731,057

集中市場三大法人合計買超 84.35 億元

找到外資的期貨留倉部位後，要如何判定外資的多空看法呢？有一些專家認為外資期貨淨部位 > 1000，就代表外資看多；外資期貨淨部位 < -1000 就代表外資看空。這不失為一個簡單而可行的方法。但是我認為外資到底有多少「多單」或「空單」，不必太在意，只要知道目前外資是「看多」或「看空」就行了。最重要的還是看其間的「變化」。

例如大盤的加權指數在 2013 年 4 月 19 日和 2013 年 5 月 23 日，分別有明顯的轉多變空的轉折點。台股最近的一次轉折點是在 2013 年 4 月 18 日，到了 4 月 19 日一個向上的大「跳空」，就改變了一切。外資從這天起猛烈做多，為期大約一個多月。直到 5 月 22 日到達多頭的「滿足」點，又是一個向下的大「跳空」，彼變了一切。外資從這天起猛烈做「空」，為數也大約有一個多月。從圖 6-03 來看，這個多空的變化中，都有「跳空」為媒介，形成一個「等邊三角形」，不僅合乎「對稱法則」，甚至是神準無比！

從表 6-3 可以看到外資「多空淨額」是 -14,494，而從表 6-5 發現外資未平倉「多空淨額」是 7,985，這是由「空」到「多」的轉捩點；從表 6-7，我們可以看到外資的「多空淨額」是 -27,542，而從表 6-9，我們發現外資未平倉的「多空淨額」是 -49,313，這是由「空」到「多」的轉捩點。這其間的「變化」，才是股市多空的「秘密」！

圖6-03　大盤的加權指數在2013年4月19日和2013年5月23日，
　　　　分別有明顯的轉多變空的轉折點。（圖片資料來源：XQ 全球贏家）

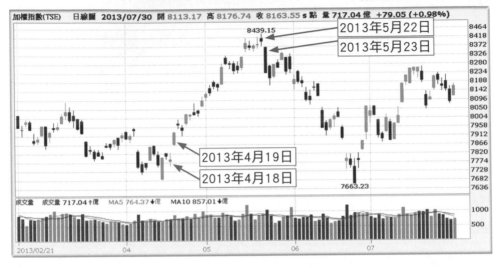

表6-02　2013 年 4 月 18 日三大法人的期貨交易口數與契約金額。

2013年4月18日　　　　　　　　　　　　　　　單位：口數；百萬元(含鉅額交易)

交易口數與契約金額						
	多方		空方		多空淨額	
身份別	口數	契約金額	口數	契約金額	口數	契約金額
自營商	231,934	28,172	222,954	31,850	8,980	-3,678
投信	122	189	301	158	-179	31
外資	82,464	50,252	93,130	42,504	-10,666	7,748
合計	314,520	78,613	316,385	74,512	-1,865	4,101

表6-03　2013年4月18日三大法人的期貨未平倉口數與契約金額。

2013年4月18日　　　　　　　　　　　　單位：口數；百萬元(含鉅額交易)

未平倉口數與契約金額						
	多方		空方		多空淨額	
身份別	口數	契約金額	口數	契約金額	口數	契約金額
自營商	193,524	12,712	181,467	14,981	12,057	-2,269
投信	1,683	2,336	978	1,124	705	1,212
外資	227,257	50,885	241,751	42,861	-14,494	8,024
合計	422,464	65,933	424,196	58,966	-1,732	6,967

表6-04　2013年4月19日三大法人的期貨交易口數與契約金額。

2013年4月19日　　　　　　　　　　　　單位：口數；百萬元(含鉅額交易)

交易口數與契約金額						
	多方		空方		多空淨額	
身份別	口數	契約金額	口數	契約金額	口數	契約金額
自營商	415,700	48,883	378,198	49,399	37,502	-516
投信	494	460	292	114	202	346
外資	135,246	82,474	112,014	64,685	23,232	17,789
合計	551,440	131,817	490,504	114,198	60,936	17,619

表6-05　2013年4月19日三大法人的期貨未平倉口數與契約金額。

2013年4月19日　　　　　　　　　　　　單位：口數；百萬元(含鉅額交易)

未平倉口數與契約金額						
	多方		空方		多空淨額	
身份別	口數	契約金額	口數	契約金額	口數	契約金額
自營商	236,279	16,986	186,720	19,823	49,559	-2,837
投信	1,790	2,563	883	969	907	1,594
外資	260,494	74,798	252,509	48,248	7,985	26,550
合計	498,563	94,347	440,112	69,040	58,451	25,307

表 6-06　2013 年 4 月 22 日三大法人的期貨交易口數與契約金額。

2013年5月22日 單位：口數；百萬元(含鉅額交易)

交易口數與契約金額						
	多方		空方		多空淨額	
身份別	口數	契約金額	口數	契約金額	口數	契約金額
自營商	233,802	30,504	235,076	30,778	-1,274	-274
投信	32	54	6	10	26	44
外資	43,574	26,836	52,963	34,741	-9,389	-7,905
合計	277,408	57,394	288,045	65,529	-10,637	-8,135

表 6-07　2013 年 4 月 22 日三大法人的期貨未平倉口數與契約金額。

2013年5月22日 單位：口數；百萬元(含鉅額交易)

未平倉口數與契約金額						
	多方		空方		多空淨額	
身份別	口數	契約金額	口數	契約金額	口數	契約金額
自營商	213,779	16,850	215,485	14,712	-1,706	2,138
投信	1,393	2,172	663	1,000	730	1,172
外資	252,495	59,562	280,037	52,770	-27,542	6,792
合計	467,667	78,584	496,185	68,482	-28,518	10,102

表 6-08　2013 年 4 月 23 日三大法人的期貨交易口數與契約金額。

2013年5月23日 單位：口數；百萬元(含鉅額交易)

交易口數與契約金額						
	多方		空方		多空淨額	
身份別	口數	契約金額	口數	契約金額	口數	契約金額
自營商	379,621	55,738	401,157	55,856	-21,536	-118
投信	24	25	399	647	-375	-622
外資	94,525	56,324	116,452	64,409	-21,927	-8,085
合計	474,170	112,087	518,008	120,912	-43,838	-8,825

表6-09　2013年4月23日三大法人的期貨未平倉口數與契約金額。

2013年5月23日　　　　　　　　　　　　　　單位：口數；百萬元(含鉅額交易)

未平倉口數與契約金額						
	多方		空方		多空淨額	
身份別	口數	契約金額	口數	契約金額	口數	契約金額
自營商	230,901	21,210	254,143	19,220	-23,242	1,990
投信	1,264	1,913	892	1,369	372	544
外資	251,068	50,994	300,381	52,677	-49,313	-1,683
合計	483,233	74,117	555,416	73,266	-72,183	851

期貨風險大，若讀者連「權證」都容易賠錢，請先不要玩「利用期貨和選擇權來避險」的遊戲。我必須誠實並且誠懇地告訴股市新手：

❶並非人人都可用指數期貨來「避險」的，因為你的「可投資金額」太小了，實不足以改變行情。你只能追逐行情，而不是引領行情；你只能跟隨外資的多空方向，談不上學他們的「避險」策略。

❷所謂避險，是在市場中為了避免價格波動的風險，所採取的輔助行為。如果你根本搖撼不了行情，也就無法避險。稱其量只是「碰運氣」而已。那種「避險策略」只有基金、投信法人、自營商以及大戶（大額交易者）所能夠運用的。一般散戶談何容易！

❸曾經有新聞說到，外資法人利用新加坡摩根台指期貨操作台股。他們先賣空新加坡台指期貨，使新加坡台指期貨一路下滑，然後才在台灣股市持續賣超含高權值的大型股，以達到「套利」的目的。類似如此的手法，也是咱們散戶學不來的。

散戶資金有限，卻可以利用股票之間的「關連性」作「避險」的策略運用。這是筆者所可以想到，也是一般散戶能做得來的。

現在，就來教你這個高招！

筆者說過，避險是要在「有險可避」的情況下，才開始進行，比

較不會被吞噬利潤。那麼，假設現在是 2013 年 5 月 22 日，大盤已在高峰，隨時會有下來的危險，於是從這一天起，我們開始採取避險動作。那麼，我們的說明就用 2013 年 5 月 22 日的開盤價和 2013 年 7 月 30 日的收盤價，來作計算的範圍吧！

　　例如，台積電（2330）是很多人鍾意的個股。我們拿「夆典」（3052）作為「避險」的個股，可是需要很高的聯想力的。理由是：

❶「台積電」是電子股，如果在回檔的過程中，一樣拿電子股做「避險」，並不見得高明。因為萬一大盤很虛弱時，「屋漏偏逢連夜雨」，又來一個電子股的大利空，那就會類股齊跌，一樣避不了險。所以，我們不妨選一個相關連的其他類股吧！

❷「夆典」的所屬產業是「工程顧問」，並無明顯的競爭對象，但是它的下游客戶「力晶」，曾是「台積電集團」的一個成員。這是它和「台積電」的「關連性」。但由於利害關係不大，所以兩者都「做多」，不會有太大的牽連。

❸「夆典」的營收比重是：工程 43.18％、機械工程 33.52％、儀電工程 17.09％、電子零件 6.21％。所以，它是屬於建材營造類股，和「台積電」的電子類股明顯不同。

❹從 2013 年 5 月 22 日這天回頭看，「夆典」四月份營收是不錯的。夆典 2013 年 4 月的營收是 3.32 億元，年增率達到 65.22％。

表 6-10　夆典 2013 年 4 月營收資料　　　　　（單位千元）

	當月	本年累計
營收	332,425	943,478
去年同期	201,205	1,235,717
增減	131,220	-292,239
增減百分比	65.22%	-23.65%

❺「台積電」的殖利率只有 2.94%，「夆典」則是 5.33%。

❻「夆典」股本 19.4 億元和「台積電」2592.82 億元相差懸殊。龐大籌碼跑起來蹣跚時，嬌小有勁的籌碼則相對管用，可為互補。

❼在跌勢中，好股票不一定要做空，「台積電」是正規軍，選擇「夆典」則好比選擇先行布建的游擊隊。在戰爭中，游擊隊可以潛伏敵後或呼應正規軍作戰，將敵軍一舉殲滅。

【績效演算示範】

在 5 月 22 日，買進「台積電」和「夆典」雙雙做多。結果「台積電」5 月 22 日的開盤價是 112.5 元，7 月 30 日的收盤價是 102 元。報酬率是：（102-112.5）÷112.5 ＝ -9.33%

「夆典」在 5 月 22 日的開盤價是 11.9 元，7 月 30 日的收盤價是 16.9 元。報酬率是：（16.9-11.9）÷11.9 ＝ 42.02%

兩檔股票合併計算，報酬率為：-9.33% ＋ 42.02% ＝ 32.69%

這兩檔股票的平均報酬率為 16.35%，所以經過避險策略，總的說來，風險自然大減。

圖 6-04　「台積電」（2330）的日線圖。

（圖片資料來源：XQ 全球贏家）

圖 6-05　「奎典」（3052）的日線圖。

（圖片資料來源：XQ 全球贏家）

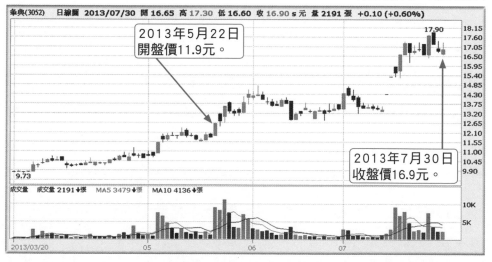

前面「台積電」＋「峯典」的避險策略是雙雙做多。現在來看既做多、又做空的例子：做多「建大」（2106）＋放空「南港」（2101）。

同樣是橡膠股，我們根據個股的股性、獲利能力及綜合基本條件，決定選擇做多「建大」、做空「南港」。

詳細解說如下：

❶「建大」和「南港」這兩檔股票的共同點是：均為橡膠類股，都是平可空股票。同一類股的股票一樣做多，就不叫「避險策略」，只能說是「分散風險」而已。因為萬一橡膠股有大利空，在下跌的趨勢中，通常是一起大跌的。那怎麼避險呢？所以，應該一個做多、一個做空，比較合理。當其中一種投資方式「非賠不可」的時候，另一種投資方式也就可能「非賺不可」，如此方能達到「翹翹板」的作用。

❷「建大」是 ECFA 概念股，營收比重是：輪胎 81.73％、橡膠製品、防水膠布及勞務收入 18.27％。「南港」則屬於國豐集團，營收比重是：輪胎 100.00％。前者的營收來源較廣，遇到利空，尚有其他收入；後者則全部以輪胎為主，萬一有利空，無法躲避。

❸表面上，「建大」和「南港」股本差不多，前者是 73.37億，後者為 87.89 億；負債比例也差不多，前者是 44.66％，後者為

47.13％；股價淨值比也一樣偏高，前者是 3.48，後者為 2.8，但是，「建大」的股東權益報酬率是 5.18，殖利率是 2.87％，故我們選擇「做多」；「南港」則是負 0.18，殖利率是 0，所以我們選擇「做空」。

❹「建大」從無實施「庫藏股」的必要，而「南港」從 2011 年起迄今，已經實施過九次庫藏股了，可見得這兩檔股票的股性差異很大。不需「庫藏股」的股票易漲難跌；常常實施「庫藏股」的股票一定是比較弱勢的。所以，我們選擇做多「建大」＋放空「南港」。

圖 6-06　建大的信用交易資料。　圖 6-07　南港的信用交易資料。

2106建大	個股代碼/名稱：	查詢	
股價	重大行事曆	警示資訊	
市場別	集中	交易狀況	正常
主管機關警示	正常	撮合作業	正常
單筆預繳單位	0	累計預繳單位	0
融資買進交易	正常	融券賣出交易	正常
融資賣出交易	正常	融券買回交易	正常
融資成數	60%	融券成數	90%

（圖片資料來源：XQ 全球贏家）

2101南港	個股代碼/名稱：	查詢	
股價	重大行事曆	警示資訊	
市場別	集中	交易狀況	正常
主管機關警示	正常	撮合作業	正常
單筆預繳單位	0	累計預繳單位	0
融資買進交易	正常	融券賣出交易	正常
融資賣出交易	正常	融券買回交易	正常
融資成數	60%	融券成數	90%

（圖片資料來源：XQ 全球贏家）

圖 6-08　建大、南港的獲利能力比較。　（圖片資料來源：XQ 全球贏家）

獲利能力分析-營業毛利率								單位：%
股票名稱	2013/1Q	2012/4Q	2012/3Q	2012/2Q	2012/1Q	2011/4Q	2011/3Q	2011/2Q
☐ 建大(2106)	24.75	26.53	22.27	20.34	18.89	14.96	14.25	17.76
☐ 南港(2101)	11.29	8.86	14.40	15.47	12.78	15.45	21.90	23.62
☐ 泰豐(2102)	22.14	17.19	18.71	17.41	14.56	12.74	13.28	12.32

圖 6-09 「建大」的日線圖。

（圖片資料來源：XQ 全球贏家）

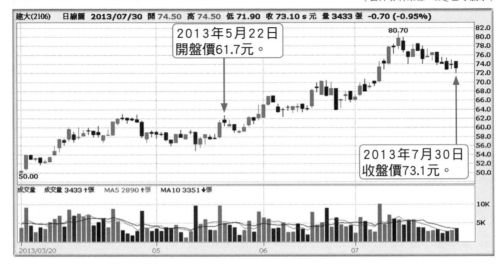

圖 6-10 「南港」的日線圖。

（圖片資料來源：XQ 全球贏家）

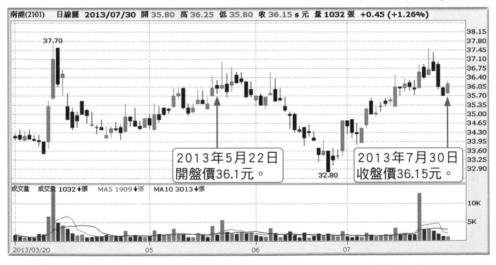

【績效演算示範】

我們在 2013 年 5 月 22 日，同時買進「建大」做多，並且放空「南港」。

結果，「建大」的在 2013 年 5 月 22 日的開盤價是 61.7 元，2013 年 7 月 30 日的收盤價是 73.1 元。它的報酬率是：

（73.1-61.7）÷61.7 ＝ 18.48％

其次，「南港」在 2013 年 5 月 22 日的開盤價是 36.1 元，2013 年 7 月 30 日的收盤價是 36.15 元。它的報酬率是：

（36.1-36.15）÷36.1 ＝ 負 0.14％

這兩檔股票的合併計算，報酬率則為：

-0.14％ ＋ 18.48％ ＝ 18.34％

這兩檔股票的平均報酬率為 9.17％。

當然，我們只是說明多空雙向選股操作的優點。如果我們在南港跌勢已止時，反手做多，那獲利更大了。

今年以來，螢幕驅動 IC（ 積體電路 ）族群，是「大螢幕」熱潮中最直接的受益者。液晶螢幕的原理，就像國慶時動員學生排出的字幕，由每個學生翻動字牌而組成畫面；在電視或手機螢幕上，每一顆畫素都是由螢幕驅動 IC 控制，螢幕越大，就代表需要更多或更高階的驅動 IC。台灣正是全世界螢幕驅動 IC 最大供應地，因而「聯詠」（3034）是螢幕驅動 IC 族群最值得注意的上市公司之一。

本來，我打算把「聯詠」和「威盛」作「對照」的多空組合，因為曾經做過「股王」的威盛，如今不論從毛利率、營益率、每股盈餘…等等，都比不上聯詠。用放空「威盛」來預防「聯詠」在下跌過程中的損失，是非常可靠的方法。可惜「威盛」近期不能融資也不能融券。我查了一下，「威盛」從今年 4 月 16 日起就沒有融券了。於是，改用威盛集團的「宏達電」（2498）來作搭配。

❶「聯詠」和「宏達電」都是台股平可空的股票。前者是半導體的公司，屬於聯電集團的個股；後者做的是通信網路的事業，屬於威盛集團。

❷「聯詠」的股本是 60.66 億，「宏達電」則為 85.21 億。

❸由 2013 年 7 月底來看，「宏達電」已跌得夠深了，所以本益

比為 11.46、股票淨值比 1.76，比起「聯詠」的本益比 16.84、股票淨值比 3.27，似乎還不錯。但是「聯詠」的「股東權益報酬率」4.47，比「宏達電」的「股東權益報酬率」只有 1.17％，可好多了。更何況「聯詠」的「殖利率」4.27％比「宏達電」的「殖利率」1.17％，卻又更好。

❹「聯詠」的負債比例只有 38.15％，而「宏達電」則高達 60.35％。一般來說，負債比例應控制在 40％之內，否則便是「放空」的好目標。

❺在獲利能力來說，「聯詠」毛利率 27.9％、營益率 12.86％，比「宏達電」毛利率 20.29％、營益率 0.10％也好很多。

❻從技術面來看，「聯詠」2013 年 5 月 22 日的股價在月線大季線之上；而「宏達電」則是長天期已穿越短天期。

圖 6-15　聯詠的信用交易資料　　圖 6-16　宏達電的信用交易資料

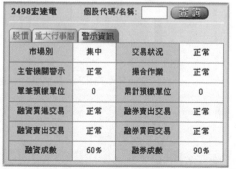

（圖片資料來源：XQ 全球贏家）　　　　（圖片資料來源：XQ 全球贏家）

圖 6-17 「聯詠」2013 年 5 月 22 日的股價在月線大季線之上。

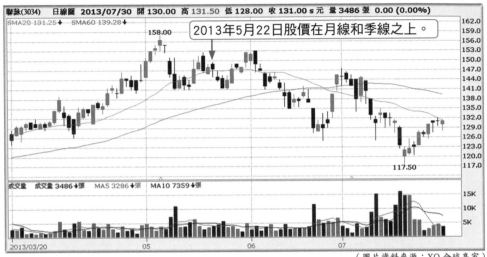

2013年5月22日股價在月線和季線之上。

（圖片資料來源：XQ 全球贏家）

圖 6-18 「宏達電」在 2013 年 5 月 22 日的技術面不好，因長天期已穿越短天期。

（圖片資料來源：XQ 全球贏家）

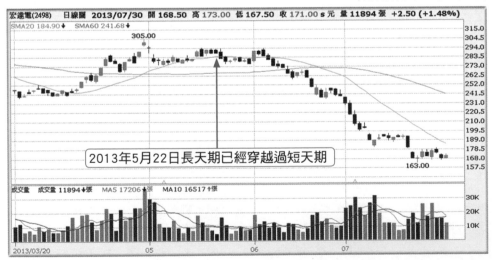

2013年5月22日長天期已經穿越過短天期

圖 6-19　「聯詠」的日線圖。

（圖片資料來源：XQ 全球贏家）

圖 6-20　「宏達電」的日線圖。

（圖片資料來源：XQ 全球贏家）

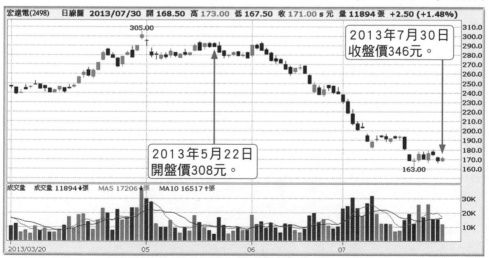

【績效演算示範】

我們在 2013 年 5 月 22 日，同時買進「聯詠」做多，並且放空「宏達電」。

結果，「聯詠」的在 2013 年 5 月 22 日的開盤價是 149 元，2013 年 7 月 30 日的收盤價是 131 元。做多「聯詠」的報酬率是：

（131-149）÷149 ＝ -12.08％

其次，「宏達電」在 2013 年 5 月 22 日的開盤價是 292 元，2013 年 7 月 30 日的收盤價是 171 元。放空「宏達電的報酬率是：

（292-171）÷292 ＝ 41.44％

這兩檔股票的合併計算，報酬率則為：

負 12.08％ ＋ 41.44％ ＝ 29.36％

這兩檔股票的平均報酬率為 14.68％。

　　雖然同樣屬於航運業，但一個是天上飛的，一個是海上飄的。「長榮航」（2618）是台股平可空股票，屬於長榮集團。股本 325.89 億，算是大型股；「益航」（2601）是「十一長假概念股」，亦為台灣散裝航運指標。它的股本原本很小，經過幾年的「現金增資」之後，股本就膨脹了，目前股本為 37.76 億元，已經算中型企業。我們選擇「長榮航」做多、「益航」做空。

　　「長榮航空」在國際航運界知名度極高，隨著兩岸的往來頻繁、飛機票的節節上升，原本獲利能力應該很強，可是從數據來看，並不盡然。它和「益航」在基本面的比較如下：

圖 6-21　長榮航的信用交易資料　圖 6-22　益航的信用交易資料

2618長榮航	個股代碼/名稱:		查詢
股價 重大行事曆 警示資訊			
市場別	集中	交易狀況	正常
主管機關警示	正常	撮合作業	正常
單筆預繳單位	0	累計預繳單位	0
融資買進交易	正常	融券賣出交易	正常
融資賣出交易	正常	融券買回交易	正常
融資成數	60%	融券成數	90%

（圖片資料來源：XQ 全球贏家）

2601益航	個股代碼/名稱:		查詢
股價 重大行事曆 警示資訊			
市場別	集中	交易狀況	正常
主管機關警示	正常	撮合作業	正常
單筆預繳單位	0	累計預繳單位	0
融資買進交易	正常	融券賣出交易	正常
融資賣出交易	正常	融券買回交易	正常
融資成數	60%	融券成數	90%

（圖片資料來源：XQ 全球贏家）

❶本益比：「長榮航」是84.75（同業平均本益比為82.01）；「益航」為1002.50（同業平均本益比只有1.27％）

❷殖利率：「長榮航」是0；「益航」為1.27％。

❸負債比例：「長榮航」是74.75％；「益航」為54.99％。

❹股價淨值比：「長榮航」是10.61；「益航」為0.82。

❺毛利率：「長榮航」是7.38％；「益航」為77.7％。

❻營益率：「長榮航」是負0.18％；「益航」為15.36％。

❼股東權益報酬率：「長榮航」是負1.99％；「益航」為負0.43％。

圖 6-23 「長榮航」的日線圖。 （圖片資料來源：XQ 全球贏家）

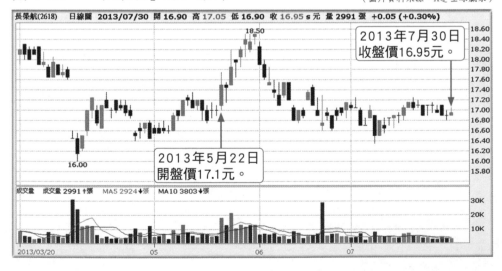

圖 6-24　「益航」的日線圖。

（圖片資料來源：XQ 全球贏家）

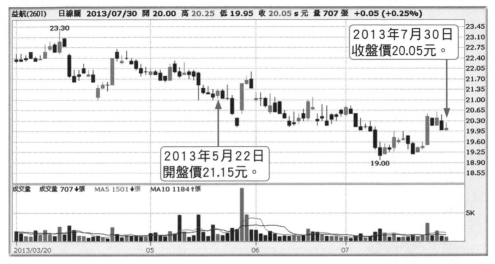

益航(2601)　日線圖　2013/07/30　開 20.00　高 20.25　低 19.95　收 20.05 s 元　量 707 張　+0.05 (+0.25%)

23.30

> 2013年7月30日
> 收盤價20.05元。

> 2013年5月22日
> 開盤價21.15元。

19.00

成交量　成交量 707↓張　MA5 1501↓張　MA10 1184↑張

2013/03/20　　　05　　　06　　　07

【績效演算示範】

5 月 22 日，同時買進「長榮航」做多，並且放空「益航」。

結果，「長榮航」的在 2013 年 5 月 22 日的開盤價是 17.1 元，2013 年 7 月 30 日的收盤價是 16.95 元。做多「長榮航」的報酬率是：（16.95−17.1）÷17.1 = −0.88％

其次，「益航」在 2013 年 5 月 22 日的開盤價是 21.15 元，2013 年 7 月 30 日的收盤價是 20.05 元。

放空「益航」的報酬率是：（292−171）÷292 = 5.2％

兩檔股票合併計算，報酬率為：負 0.88％ + 5.2％ = 4.32％

這兩檔股票的平均報酬率為 2.16％。

i世代投資系列

可投資金額只有幾千元，教你如何安全的以小搏大!

學生、上班族看過來……。錢不多，受不起大風浪，也沒有太多的投資經驗，但這個i世代系列已經都為你設計好了，不管你是想買股票、權證、選擇權還是期貨等等，書中都為你的小額投資量身打造。

i世代投資①
定價：249元

2000元開始的股票投資提案

imoney123編輯部　編著

i世代投資②
定價：249元

沒有理由不賺錢的股價圖學習提案

imoney123編輯部　編著

i世代投資③
定價：249元

5000元開始的選擇權投資提案

作者：賴冠吉 老師

【恆兆文化】

圖書資訊網址：http://www.book2000.com.tw

這裡刷卡買書：http://www.pcstore.com.tw/book2000/

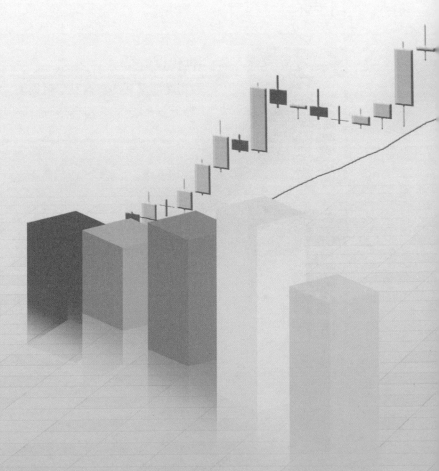

方天龍實戰秘笈⑤：7 個避險策略，決定你 98％的暴富成功率

Chapter 7

避險策略07：
滿手套牢股，
解開綑仙索。

▶ *Point* 01 先賣強？先賣弱？如先吃好或壞蘋果

出一個很有趣味的話題考考你：兩箱蘋果，一箱裡面的蘋果又大又新鮮；另一箱卻因為放得太久了，有些已經有點變質了。你會先吃哪一箱呢？

最經典的吃法有兩種：

第一種是先從比較爛的蘋果吃起。當然，只吃好的部分，把爛的部分削掉。這種吃法的結果，往往是要吃很長一段時間的爛蘋果，因為等我們把比較差的蘋果吃完的時候，原本好端端的蘋果又放爛了。

第二種是先從最好的蘋果吃起，吃完以後，再吃次好的。這種吃法往往不可能把整箱全部的蘋果都吃光，因為吃到最後，原本「有點爛」的蘋果往往變成「有夠爛」，甚至是爛得沒辦法吃了，最後只好把那些蘋果都給扔了，形成一定的浪費。但這種吃法也有好處，就是畢竟吃到了好蘋果，享受了好蘋果的美味。

這道題目，原本是在測試回答者是樂觀的人還是悲觀的人，按照心理學家的分析，前一種吃法的人是悲觀的人，後一種吃法的人是樂觀的人。

通常喜歡第一種吃法的人，覺得第二種吃法容易造成浪費；而喜歡第二種吃法的人，卻覺得享受好蘋果的味道更重要，扔掉幾個爛蘋

果不算什麼，至少嘗到新鮮蘋果的滋味了。

其實，這兩種吃法，各有各的道理。在實際生活中，究竟先吃哪一種蘋果，對個人來說，並沒有太大的影響。但是，先吃哪個蘋果的選擇背後，卻別有一番深意。畢竟吃蘋果不同於吃飯，也並非為了果腹，而是為了品嘗其味道、吸收其營養。從這個意義來說，先吃好的蘋果應該比較理性。

投資股市，有時就好像買進蘋果；留倉的股票有好有壞，能保持強勢的，就好比是「又香又大又新鮮的蘋果」；庫存轉弱或被套牢的股票，就像是「慢慢變爛的蘋果」。究竟應該先吃好的蘋果，還是先吃比較不好的蘋果？這樣的問題，無異於先賣獲利的股票呢，還是該先賣套牢的股票？答案並不一定，每一位投資人的做法也不一樣。

把已經獲利的股票先行賣出，叫做「獲利了結」；把已經低於買價的股票留倉不賣，叫做「套牢的持股」。「獲利了結」的好處是了卻一件心事，落袋為安；壞處是可能失去賺更多錢的機會。因為根據筆者的實戰經驗，「好賣的股票，往往還有更高價！」當您把持股部位拿出來賣賣看就知道了。凡是很快就能賣出去的股票，常常在賣出去之後，市價還會繼續竄得更高；尤其是那些賣得比您掛價更高的股票，在您喜不自勝之餘，往往還會有令你驚嘆的更高價出現！

例如圖 7-01，2013 年 7 月 26 日，您在中午 12 時看到「兆赫」

（2485）的委買價是 26.45 元、委賣價是 26.5 元。您想賣高一點，就把手上的持股掛價 26.5 元在賣單處排隊準備賣掉，不料，一筆突來的大買單 119 張在中午 12 時 2 分 38 秒成交於 26.6 元！這一筆外盤成交的買單，讓您賣到比預期高的價格—— 26.6 元，您高不高興呢？多少有點喜悅吧！

　　沒錯，「好賣的股票，永遠還有更高價出現！」最後，這檔股票收漲停板 26.8 元了！您的喜悅是不是有點轉為遺憾的感覺呢？股市這樣的故事常常重複上演呢！

圖 7-01　「兆赫」（2485）在 2013 年 7 月 26 日的「分時走勢圖」。

（圖片資料來源：XQ 全球贏家）

02　危險的追高，應該停損不該套牢

常言道：「會買的只是徒弟，會賣的才是師傅。」其實，依我看，師傅也常常沒辦法賣到漲停板的最高價，因為「老兵怕槍聲，新兵怕炮聲」，老將看過的世面多，就不那麼樂觀了，他知道股票也有可能崩盤或不漲停板，甚至急轉直下，讓你慶幸賣得早！所以，師傅多半步步為營，小心謹慎，反而不如徒弟「勇猛」。

事實上，太多新的案例告訴我們，並不是每一檔股票都必然毫無阻力、直攻漲停板的。「事不過三」，有時才是真理！我們來描述一種情境－－某一檔個股當天非常強勢，大單猛攻不休，於是你決定做多，就採取「先買後賣」（先融資買進，再以同樣數量的融券賣出）的策略軋掉（當天資券沖銷），結果第一次當沖成功了，膽子開始變大，決定再來一次，仍然以「先買後賣」的方式，完成第二次當沖成功。結果股價仍往上竄，你再想來進行第三次的當沖行動，結果，很不幸的，這一次不靈了。主力攻到第三波的高處，就不攻了。這時，股價突然停滯不前，你等著軋掉，卻不再有高價可以軋了。這檔股票不僅沒再繼續攻到漲停板，甚至開始回檔，而且深深地回檔，一波比一波低。而這時，你賣也不是（已經處於賠錢的價位了），不賣也不是（股價繼續下殺，真不知何處止跌）。於是，只好忐忑不安地靜待

反彈。不料，繼續等待的當兒，股價已如瀑布般直瀉而下，不僅跌破了第三次當沖的買價位置，甚至打下更低點，比第二次做當沖的低點還低。這時，賣壓就如同「破窗理論」（人們喜歡繼續砸那些已經有破洞的窗戶，因為人的劣根性是落井下石）一般襲來，最後股價更跌破平盤、殺到平盤下了。

有些股票是不能在平盤下放空的。所以，當你第三次當沖時由於一時的猶豫，造成賣不掉（無法當日以融券賣出）的情況，只好等第二天再處理了。不幸的是，第二天全球股市都跌、影響到台股也跌，所以這檔股票一開盤就大跌，甚至第三天還跌。那麼這檔股票本來準備軋掉的當沖計畫不僅泡湯，結果還是以「大賠」收場了！

圖 7-02 　「年興」2013 年 6 月 5 日分時走勢圖 （圖片資料來源：XQ 全球贏家）

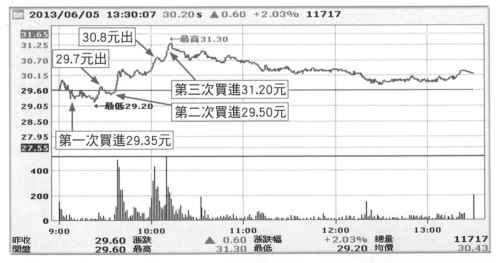

經過綜合計算結果，你前兩次當沖勝利的「小勝」，和第三次當沖失敗的「大賠」合併算起來，竟然還是賠錢的！

這種情況有沒有可能呢？當然有！股市的風險是處處存在的。

我找一個例子進行說明！

請見圖 7-02，假設有人在 2013 年 6 月 5 日買賣「年興」（1451）股票，是這樣的：

❶ 第一次當沖：29.35 元融資買進 20 張「年興」，然後在 29.7 元融券賣出 20 張「年興」。那麼，這一筆就可以當日沖銷完畢，從買賣價位看，這就是一次成功的當沖。

❷ 當他發現這檔股票仍然續強，於是進行第二次當沖：29.5 元融資買進 20 張「年興」，然後在 30.8 元融券賣出 20 張「年興」。那麼，這一筆就可以當日沖銷完畢，從買賣價位看，這又是一次成功的當沖。

❸ 當他做完兩次當沖之後，發現股價繼續攻堅，一副準備攻向漲停板的模樣，於是再進行第三次的當沖，於 31.2 元處買進成交了。結果，沒想到的是，「年興」在攻到 31.3 元的時候，突然回頭了，後來轉弱了。第一波先跌到 30.7 元左右。他 31.2 元買進的成本，至少要賣出 31.4 元以上的價格才夠本，所以他就不敢賣了，只好繼續等反彈。結果反彈只到 31.15 元就下去了，第二波跌到 30.65

元，此後反彈就越來越弱，把他給看傻了。最後收盤是 30.2 元，距離 31.4 元，可是差了 1.2 元。他就這樣被套牢了！

圖 7-03 「年興」（1451）的日線圖。

（圖片資料來源：XQ 全球贏家）

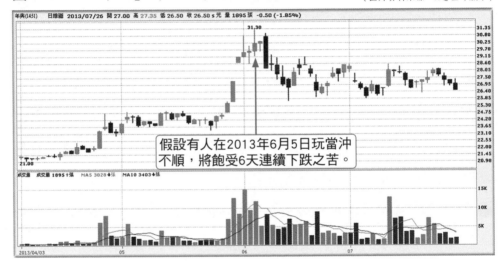

從現在來回顧他買賣的日期，剛好是近期最高價（31.3 元）的一天。姑不論這位買「年興」的股友在 2013 年 6 月 5 日玩當沖的時機對不對，但在這裡我們卻有可以討論的餘地。

如果我們從當天（2013 年 6 月 5 日）該股早盤的表現（見圖7-02）來看，確實屬於強勢攻堅的格局。他想要以「做多」方式玩當沖，也不能說有錯。那麼，到底是什麼地方發生問題了呢？怪只能怪主力「天威難測」，誰想到他在 31.3 元處就決定下殺了呢？有沒有

可能繼續上攻到漲停板呢？當然可能！這種例子太多了。所以，這麼說來，錯的不是他不該連玩三次當沖。因為如果股價拉到漲停板，而他又出掉股票，那麼，他就是三次當沖都成功了！

不幸的是，他前兩次都適時獲利下車，第三次當沖卻因為怕失敗而不肯認賠，這才出現了大問題！

看看吧，他 6 月 5 日因為沒停損而任股價下跌到 30.2 元收盤，導致連續忍受六天的下跌，是不是得不償失呢？

圖 7-04，2013 年 6 月 6 日最高價也只有 30.4 元；圖 7-05，2013 年 6 月 6 日最高價雖然來到 31 元，但因距離 31.4 元成本價也屬「認賠」的，相信力求「完美」表現的他必然也不會出股票。那麼再看圖 7-06，2013 年 6 月 10 日最高價才 29.3 元，根本連 30 元都不到，他已經被嚴重套牢了。繼續看圖 7-07，2013 年 6 月 11 日最低價還跌到 27.4 元，再看圖 7-08，2013 年 6 月 13 日最低價還跌到 26.9 元。再看圖 7-09，2013 年 6 月 14 日最低價更跌到 25.7 元。算算看，從 2013 年 6 月 5 日他第三次所買進 31.4 元成本價跌到 25.7 元，差價已有 5.7 元了，才連跌 6 天，跌幅已高達 18.1%。真是慘重！

評估起來，他 6 月 5 日前兩次成功當沖所賺到的錢，是不是不夠他第 3 次當沖失敗所賠的錢多？這是千真萬確的事實！這就叫做「賺小賠大」！這就叫做股市的風險！

圖 7-04

查價	☒
時間	2013/06/06
商品名稱	年興
開	30.20
高	30.40
低	29.60
收	30.35
漲跌	0.15
漲跌幅	0.50%
游標	30.108
成交量	5147張 ↓
MA5	9932張 ↓
MA10	7364張 ↑

圖 7-05

查價	☒
時間	2013/06/07
商品名稱	年興
開	30.75
高	31.00
低	28.25
收	28.25
漲跌	-2.10
漲跌幅	-6.92%
游標	30.267
成交量	8294張 ↑
MA5	9916張 ↓
MA10	8053張 ↑

圖 7-06

查價	☒
時間	2013/06/10
商品名稱	年興
開	28.60
高	29.30
低	28.05
收	28.55
漲跌	0.30
漲跌幅	1.06%
游標	29.565
成交量	5391張 ↓
MA5	8000張 ↓
MA10	8474張 ↑

圖 7-07

查價	☒
時間	2013/06/11
商品名稱	年興
開	28.50
高	29.10
低	27.40
收	27.80
漲跌	-0.75
漲跌幅	-2.63%
游標	29.374
成交量	4218張 ↓
MA5	6966張 ↓
MA10	8722張 ↑

圖 7-08

查價	☒
時間	2013/06/13
商品名稱	年興
開	27.55
高	28.45
低	26.90
收	27.00
漲跌	-0.80
漲跌幅	-2.88%
游標	28.703
成交量	4746張 ↑
MA5	5559張 ↓
MA10	8498張 ↓

圖 7-09

查價	☒
時間	2013/06/14
商品名稱	年興
開	27.40
高	27.45
低	25.70
收	26.75
漲跌	-0.25
漲跌幅	-0.93%
游標	27.076
成交量	6989張 ↑
MA5	5928張 ↑
MA10	7930張 ↓

那麼，他的問題出在哪裡呢？如何進行避險才正確呢？

——問題出在沒有進行避險策略。避險策略是：當他第三次當沖失敗後，就應該立刻認賠！

為什麼呢？因為「僥倖是加大風險的罪魁，猶豫是錯失良機的禍首。」前兩次當沖是在低檔，第三次當沖是在高檔，低檔跌摔不會很嚴重；而高檔摔下來是非死即傷的。這叫做「追高」，因為他是想像（預期）股價會漲停板，才會投資在那個高檔的「點」上。一旦這種想像（預期）遭到否決、破滅了，就不可輕鬆看待，否則後果不堪設想。

這是一個常見的案例，但很少人會這樣思考避險策略的。於是，我把這樣案例歸結成一句獨家的「名言」：危險的追高，應該停損不該套牢！

▶ *Point* 03　不願停損與不斷停損，都是盲點

　　股市是智慧的競技場，在我們的股市征戰中，最大的敵人往往是自己；但是，真正能幫助自己的貴人，還是自己。如果不是自己，同在一個股市、同做一支股票，為什麼有人賺大錢，有人虧大本呢？賺錢是人之所以要投入股市的最大理由，因而賠錢是最傷感情的事，尤其說到「停損」兩字，更不合人性。

　　然而，停損是很重要的。前面「年興」的例子已經說明，必要時您必須「壯士斷腕」來保全自己。斷尾求生，不一定是「犧牲」而已，有時它還是一種反攻的準備工作。假設那人買 31.2 元的「年興」而在 31.3 元反轉而下時，能在破了 31 元就立刻殺出，那他就有本錢再戰，因為他已經先行「止血」了，待股價跌到 25.7 元（收盤 26.75 元）明顯止跌時，便有能力再接回來。屆時回升之後的行情，很容易解套，甚至倒賺回來！所以，這樣的停損，便是有價值的停損。

　　另外一種「沒有價值的停損」，便是對於強勢股的看衰賣出。被強勢股套住，通常都是「短套」，而被迫先行「止血」之後，卻沒有適時接回，結果坐視強勢股再度回升時，眼睜睜地看著它超越了賣出時的價位。那麼，你的「止血」不啻是對自己的傷害。這就是「沒有價值的停損」，也叫做「自我了斷」。股市征戰，最忌成為一個「自

了漢」！那簡直是一到戰場，就先向敵人舉白旗了！

　　記得有一位讀者曾經向我傾吐「不斷停損」的結果已使他資金變得非常有限了。我看了他的故事，頗有感慨。因為「不願停損」與「不斷停損」，都是盲點。他的「不斷停損」理論上也許並沒有錯誤，但是在實施的技術上，我相信應該有若干的瑕疵。因為股市的道理常常是一體兩面的。它和易經的道理很接近，否極泰來，樂極生悲。「不足」或「太過」都容易造成問題。不可不明辨！

　　學習股票的學問，如果不學個精通，真的會傾家蕩產；一旦學通，就可以融會貫通，不致困惑一堆。這就好比我在本書中曾經透露「左低右高」、很少重跌、漲不停的股票，是上班族的首選。我又舉了三個例子，以增進您的了解。結果，若讀者不仔細研究我話中的微意，就去買我舉的那幾檔股票，結果卻跌了，就感到「困惑」了。這就是「讀書不求甚解」、很難成功了。為什麼呢？因為那幾檔股票可能已經漲了好幾倍了，再介入未免晚矣！你應該用同一個道理重新選股才對。「好消息出盡是壞消息，壞消息出盡是好消息。該漲不漲，理應看壞；該跌不跌，理應看好。」股市的原理是必須看時間點、股價的位置來決定取捨的。

　　如何停損呢？

　　大抵有以下幾個方法：

一、設立停損點法：

買進股票後，立刻設定一個認賠的「停止損失點」（簡稱停損點），當股價下跌到此一停損點時，就一定要賣出，認賠結束。

至於如何設立停損點，主要依據技術分析上的支撐帶為停損點。從股票的技術分析來說，通常股價滑落到支撐帶時，應可吸引相當的買盤，使股價獲得支撐。倘若股價能止跌回穩，則應持股抱牢；倘若股價跌破支撐帶，那將會有另一段跌幅，此時為了降低風險，即應賣出股票，認賠了事。

如果對於技術分析還不十分熟悉，可以用「進三退一」的操作方法來代替。

二、技術指標停損法：

短線可用 5 日、10 日移動平均線為基準，跌破這條線表示短期股勢轉弱，那就停損賣出。

中線可用月線、季線為基準，跌破月線或季線就停損。一般來說，我們都把跌破 3％認為是「有效跌破」。跌破重要支撐：例如跌破頸線、趨勢線、底部支撐後停損。

此外，技術指標法：如 RSI、KD 值等技術指標，出現賣出訊號時停損。也有人是在停破 5 日線時停損。

圖 7-10 沿著五日均線操作，是技術指標停損法的避險策略之一。

（圖片資料來源：XQ 全球贏家）

圖 7-11 利用 RSI、KD 值的變化作停損標準，也是技術指標停損法之一。

（圖片資料來源：XQ 全球贏家）

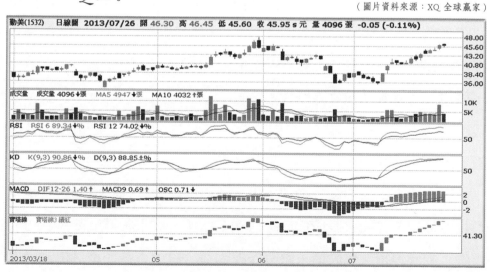

三、百分比停損法：

例如 80 元買進股票，股價漲到 100 元後，眼見股價回頭，就在 97 元賣掉，這樣停損就是正確的；如果不了解停損的真義，股價從 100 元拉回，等到 75 元才賣掉，這樣雖然也算是停損，但動作就未免太慢了。如果運氣不佳，80 元買到手的股票，股價不漲反跌，你在 75 元賣掉，這樣停損只是小虧。中短線既然可以賺到一成後獲利了結，當然也可考慮一成停損。一成指的是股票市價的一成，而不是買進價的一成，例如市價 100 元的股票，下跌 10 元時，就停損賣出。

四、預設兩個停損點：

如果一種股票持股較多時，可預設兩個停損點，例如第一停損點為市價的 7％，第二停損點為市價的 10％。股價跌掉一個停板後，停損賣出持股二分之一，如果再跌至 10％時，停損另外的二分之一，這樣也是比較容易執行的停損方法。

五、本益比停損法：

有人認為依公司每股獲利多少，計算出其應有的股價，也就是本益比的停損法。如果股價低於應有的本益比，表示股價反映獲利可能下降，故應停損。但股價下跌有多種因素，股價下跌並不見得起因於

獲利減少。例如籌碼多寡、市場資金、銀行利率等，這些原因造成股價下跌，如不停損賣出便失掉機會，因之停損不可完全根據本益比。此外，也可以根據「殖利率」的上揚下降，來作停損的參考。

六、鎖單停損法：

放空鎖單的方式，比方說你手上持有股票 10 張，不願停損賣出，那麼就可考慮融券賣出 10 張，如此自己手上既有多頭部位，也有空頭部位，股價漲跌完全抵消。當股價跌到某一處，股價有翻身機會時，可以買回放空的融券，賺上一筆彌補損失的費用，補償持股跌價的損失。若股價因而止跌回升，倒買的成了兩頭賺的高手。當然，若融券放空後，股價從此起死回生，就無力回天了，故這一部分需要功力。

七、部分停損法：

在個股行情還沒急轉直下、停損可有轉圜空間時，可把你的持股分成四個等份，先賣出二分之一，若股價還是沒起色，再停損到四分之三，手上只留一份。這樣股價落底後，便有充分資金逢低買進，等待股價反攻。如果認為股價將受重擊，不妨先殺出三分之二，稍事觀望，再停損剩下的三分之一，這是比較穩健的做法，停損容易完成，錯誤或可減少，但以股價損失的程度衡量，不見得受傷最小。

世事如一盤棋。股市也如一盤棋，有開盤、中局、殘局。筆者讀高中時，曾經榮獲桃園縣高中組象棋比賽冠軍，所以我很多股市的思維，多來自象棋的靈感。我發現象棋很多兵法，都是可以用在股市操盤的。例如大家都可能被「套牢」過，那麼如何解套呢？好比「圍魏救趙」、「走為上策」、「金蟬脫殼」……等等，都是象棋的僵局對策，用在股市亦無不可。

舉例來說吧！2013年7月19日開盤前，我有一位股友（接受過知名雜誌採訪過的民間高手）剛好打電話來和我聊聊，話題難免談到各自正在關注的股票，我們各自提到一檔股票，結果那兩檔股票收盤時雙雙亮燈漲停！

不過，他說的是做空，我說的是做多！

我為了「共襄盛舉」，聽他說準備放空「地球」（1324），當天開盤前就掛平盤價空了一張，果然開盤就空到開盤價15.2元。我只要是準備鎖定的股票不買一張作為持股，怎麼會有興趣去觀察呢？手上有股票，才會覺得與自己有關。既然他說是放空，我就跟著融券空它一張。

不料，這檔股票經我放空之後，才下壓到15元立刻反彈而上，

並且勢如破竹（見圖 7-14），不到一個小時，就攻上了漲停板 15.75 元！而且當天再也沒有打開過。

由於只有一張空單，被軋自然沒什麼感覺。但是，卻因而好奇地去看看這檔股票的日線圖（見圖 7-12）。不看還好，一看，嚇了一跳，怎麼會在這樣的線型下放空呢？前一天才突破頸線、創新高，而且這股票橫盤了三個月，突然漲停，絕不會只有一天行情。我怎麼會在這種情況「空」它呢！萬一被讀者知道，我這位被封為「地球上最懂台股的人」可毀了一世英名！

第二天（2013 年 7 月 22 日），我準備認賠回補了。可是，竟然開盤又是跳空漲停板。一價到底，哈哈，連回補認錯的機會都沒有！請見圖 7-15，這是「史上最強」的「一字型」漲停板，軋空最厲害的一招。

沒辦法，被軋空到第三天了。怎麼解套呢？

請看圖 7-16，第三天（2013 年 7 月 23 日）開盤又是一個漲停板！然而，我卻不是立刻用市價漲停板去追補回來，而是依照以下的步驟進行解套工作：

❶請看圖 7-17，特別注意 2013 年 7 月 23 日我買賣「地球」的時間、價位。我第一步是先再加空一張「地球」，成交於 17.95 元（上午 9：01：19 券賣 1 張）。

❷第二步是在上午 9：05：49. 資買 1 張，17.35 元。第一次先券後資的當沖成功了！

❸第三步我把被軋的一張空單用「券買」方式認賠了結。

❹第四步是在上午 9：42：19 改採「先資後券」方式，先買一筆 10 張的「地球」，成交價是 17 元。

❺上午 9：51：19 我把這一筆 10 張的股票用同樣數量的融券軋掉，成交價是 17.3 元。這又完成第二回合成功的當沖！

❻第三回合，我已經摸熟了它的股性，於是在上午 11：52：34 又用一筆 30 張買進融資「地球」股票，並且在下午 1 時 18 分 6 秒把它用融券全部軋掉。這是第三次成功的當沖！

看到了嗎？我在一天之內玩了三趟成功的當沖，總共用了 51 張（1 ＋ 10 ＋ 30 張）股票當沖所賺的錢去彌補放空一張的損失。您說是賺還是賠？這就是解套！因為毫不含糊的解套方法，就是那被套的股票已經賣掉了、沒有了、解決了、不再讓您煩心，而且用同一種股票去處理盈虧，結果是賺的！對於這張空單的「綑仙索」，我已經像老美對付偷襲珍珠港的小日本給予重擊一般地補回損失了。這就是解套！

在這一天中，我這個「地球上最懂台股的人」突然變成「玩台股最懂地球的人」了！除「地球」的股票之外，當天我還做了「冠德」

一股的當沖，用 44.85 元的價格買進，用漲停板 46.5 元的價格軋掉。

一點都不閒著呢！

圖 7-12　方天龍以實戰過程示範解套方法。（圖片資料來源：XQ 全球贏家）

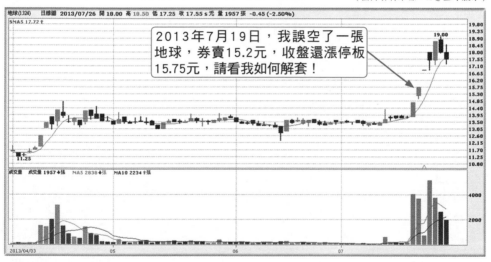

2013年7月19日，我誤空了一張地球，券賣15.2元，收盤還漲停板15.75元，請看我如何解套！

圖 7-13　方天龍誤空一張「地球」，等待解套。（圖片來源：作者提供）

交易日期	委託書號	股票名稱	交易種類	交易類別	股數	單價	成交金額	手續費	交易稅	淨收金額(+)淨付金額(-)	自備款擔保品	融資金額保證金	融資利息	融券手續費	標借費	利息代扣稅款	證所稅	二代健保
07/19	Y0088	[1324]地球	整股賣	融券	1,000	15.20	15,200	21	45	-13,700	15,122	13,700	0	12	0	0	0	0

圖 7-14 「地球」2013 年 7 月 19 日的「分時走勢圖」。

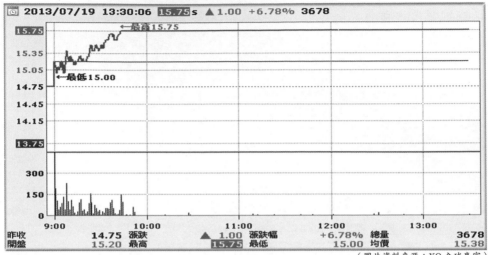

（圖片資料來源：XQ 全球贏家）

圖 7-15 「地球」2013 年 7 月 22 日的「分時走勢圖」。

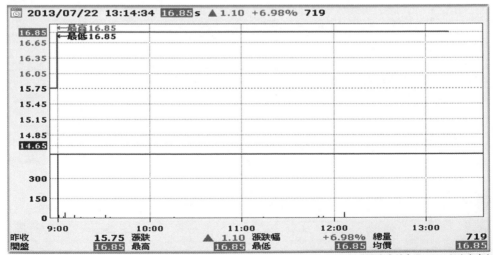

（圖片資料來源：XQ 全球贏家）

圖 7-16 「地球」2013 年 7 月 23 日的「分時走勢圖」。

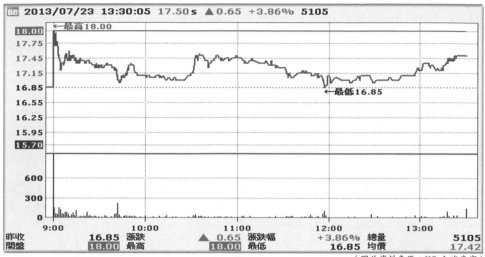

圖 7-17 方天龍公開 2013 年 7 月 23 日買賣「地球」的時間、價位。

圖 7-18　方天龍公開 2013 年 7 月 23 日的投資明細表。

交易日期	委託書號	股票名稱	交易種類	交易類別	股數	單價	成交金額	手續費	交易稅	淨收金額(+)淨付金額(-)	自備款差保品	融資金額保證金	融資利息	融券手續費	標借費	利息代扣稅款	證所稅	二代健保
07/23	Y0115	[1324]地球	整股賣	融券	1,000	17.40	17,400	24	0	11,398	15,122	13,700	0	0	0	0	0	0
07/23	X0301	[1324]地球	整股賣	融券	1,000	17.40	17,400	24	52	17,311	17,311	15,700	0	13	0	0	0	0
07/23	Y0175	[1324]地球	整股賣	融券	10,000	17.30	173,000	246	519	172,098	172,098	155,700	0	137	0	0	0	0
07/23	X0148	[1324]地球	整股買	融資	10,000	17.00	170,000	242	0	-170,242	0	102,000	0	0	0	0	0	0
07/23	Y0285	[1324]地球	整股賣	融券	29,000	17.40	504,600	719	1,513	501,965	501,965	454,200	0	403	0	0	0	0
07/23	Y0077	[1324]地球	整股買	融資	1,000	17.35	17,350	24	0	-17,374	0	10,000	0	0	0	0	0	0
07/23	Y0053	[1324]地球	整股賣	融券	1,000	17.95	17,950	25	53	17,858	17,858	16,200	0	14	0	0	0	0
07/23	W0235	[1324]地球	整股買	融資	30,000	17.05	511,500	728	0	-512,228	0	306,000	0	0	0	0	0	0
07/23	W0371	[2520]冠德	整股賣	融券	10,000	46.50	465,000	662	1,395	462,571	462,571	418,500	0	372	0	0	0	0
07/23	W0302	[2520]冠德	整股買	融資	10,000	44.85	448,500	639	0	-449,139	0	269,000	0	0	0	0	0	0
07/23	Y0128	[3034]聯詠	整股買	融資	2,000	127.00	254,000	361	0	-102,361	0	152,000	0	0	0	0	0	0
07/23	W0132	[3034]聯詠	整股買	融資	3,000	126.50	379,500	540	0	-153,040	0	227,000	0	0	0	0	0	0

（圖片來源：作者提供）

▶ *Point* **05** 給讀者諍言：看線型外還要看錢途！

許多讀者學到筆者犀利的技術選股之後，常常忽略了基本面的因素。這一點，筆者必須提出警告。因為老手都經歷股市崩盤或手上持股暴跌、投資部位嚴重損失的慘狀；新手的顧慮較小，所謂「初生之犢不畏虎」，所以比較缺乏對飆股追逐過程中的危險意識。所幸資金小的投資人相對也損失較少。不過，等讀者的資金變大之後，就不得不面臨此一問題。

根據經驗，老手多半自以為是，很少願意再看別人的著作了。所以，在股友「翅膀」還沒長硬之前，筆者必須搶先給您一些風險啟示。

我要講的是：股票的本領是「先見之明」，股票的真諦是「投資明天」，股票的本質是「獲利能力」。一檔股票是否值得買進，最重要的理由是：該公司是否賺錢？換句話說，在投資股票的時候，選股除了技術分析之外，也要兼顧基本分析。

筆者很少寫「基本分析」的書，是因為基本分析的「時效性」太強，有時有話題性的股票也會漲跌，但為時不久；有人事異動的股票也會漲跌，但難以持久；有時過了一年半載，該公司的基本面卻完全走樣了，那麼還不如看報章雜誌有用。技術分析的書籍，卻是屬於鑑往知來的指導內容，可以保留較久，也較有典藏的價值。不過，在基

本分析一項，您一定要切實記住：公司的獲利能力才是最重要的！筆者給讀者的諍言是：除了看該股票的「線型」以外，還要看該公司的「錢途」！

研究技術面，在操作股票時是一種直搗黃龍的做法，容易大有斬獲，但也容易折兵損將；有如先結婚再談戀愛一樣，不會浪費太多時間。但是，如果能將股票的本質先行了解清楚再去追求，就不會「所遇非人」，碰到「地雷股」。正如在婚前先「因了解而分開」，總比婚後再後悔好得多。華人碰到婚姻不美滿，多半「勸合不勸離」；然而，被股票嚴重「套牢」的人，方知無可奈何的痛苦。滿手套牢股，不知如何是好，這也是外人難以理解的不幸啊！

如果光是看好某一檔強勢股的現狀而買進、轉弱而殺出，如此周而復始、追高殺低，真能每次都精準抓到轉折點，當然很好。但是，這樣「趨炎附勢」的買賣方式，有時並不比選擇基本面良好的股票介入安全。

尤其對於擁有大資金的股友來說，選擇頻頻「漲停板」的股票，遠不如持有「漲不停的股票」。

這是筆者最新的感悟。

因為頻頻「漲停板」的股票，也很容易「跌停板」，它的波動率大，容易讓人因賺到價差而沾沾自喜，一旦遇到股市風暴或大盤行情

大回檔時，就會受挫不小，檢討起來完全是賺小賠大、得不償失。這是小資金的股友很難想像也無法理解的情況。據我所知，很多股友就是一直頻頻在追逐飆股中，因為不懂得操作，而很快地賠光了上千萬元的資產。小資金的股友沒有這種經驗，總以為對方是隨便說說而已，其實筆者從許多朋友的口中，早就獲知很多真實的案例，並引以為戒。

究竟兼顧基本面有什麼好處呢？筆者並不是建議大家去買中鋼、中華電等這些毫無「波動力」的股票，那絕不是像筆者這樣的「職業操盤者」有耐性去伺候的股票。我建議讀者去發掘的是「小而美」的成長潛力股。最大的著眼點是：雖非常常「漲停板」的股票，卻是「漲不停的股票」。

什麼叫做「漲不停的股票」呢？至少要有以下幾個特徵：

❶很少重跌，幾乎沒有跌停板的紀錄（股市風暴例外）。

❷在日線圖上呈現的是「左低右高」型態。

❸大部分時間都是小漲的，偶而小回檔休息不超過五天，就繼續漲。

❹只走自己的路，大盤深度回檔，仍不影響它向上前進的趨勢。

❺股價向上的斜率很高。

以下舉幾個實例說明，請見圖 7-19 ～圖 7-21。

圖 7-19 「宏大」的線型顯示宜於做多。

（圖片資料來源：XQ 全球贏家）

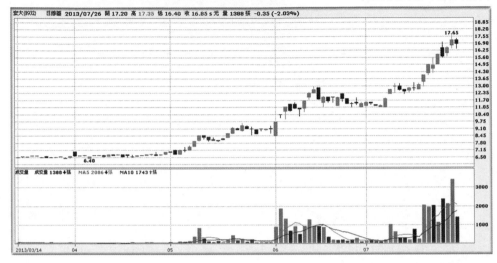

圖 7-20 「台苯」的線型顯示宜於做多。

（圖片資料來源：XQ 全球贏家）

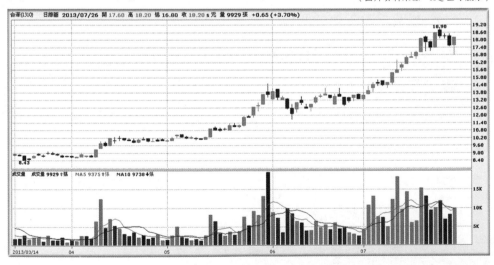

圖 7-21　「F- 貿聯」的線型顯示宜於做多。

（圖片資料來源：XQ 全球贏家）

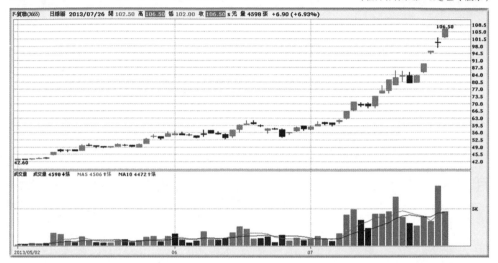

　　以上列舉的是「線型」比較適合做多的股票。我有很多讀者是上班族，不太有時間看盤。他們常常問我買什麼樣的股票較佳。我現在就回答您：以宏觀的角度來看，選擇以上這種線型的股票，是最幸福的。因為無風無浪，從容不迫。日子將過得很「滋潤」！

　　以下所列舉的三檔股票，就不是很好的長期做多的股票。例如「志嘉」（5529），當它天天跳空漲停時，的確羨煞了不少投資人。但行情「怎麼上去，就怎麼下來」！一位在電子公司上班的讀者就是看了拙著，認同「怎麼上去，就怎麼下來」這句話，而在 2013 年 5 月 16 日凌晨來信說，他於 5 月 13 日以 82 元放空「志嘉」，並問我應如何看待它未來走勢？這位讀者在信上說「結果因為自己過於固執加上想說大盤在高處，所以至今都還未回補，帳面上也損失差不多一萬；現在美股持續向上、加上昨天大盤（5 月 15 日）收紅且晚上證所稅也有新決議，明天大盤應差不到哪裡去，必要的話會找機會進行停損。」但他又說：「其實我有在追蹤籌碼，老師請看我信中的附加檔案，從 2013 年 3 月 22 日開始，最大主力×××已買 6537 張，尤其 5 月 14 日、5 月 15 日各買 750 張，股價也持續上揚，主力好像也還意猶未盡……」，從他的話裡顯然仍很忐忑不安！

　　其實，主力「萬般拉抬」不就是只為了出貨嗎？我回信卻恭喜他放空「志嘉」（5529）和做多「振曜」（6143）雙雙獲利。

　　我要說的是，像「志嘉」這種線型的股票，就是不適合投資的標的，尤其上班族沒有時間看盤，更不適合。我這位讀者也是很用功的，

他能適時放空這檔股票，算是極有膽識！但沒研究的人，還是別碰！

圖 7-22　從「志嘉」線型看來，不宜長期做多。（圖片資料來源：XQ 全球贏家）

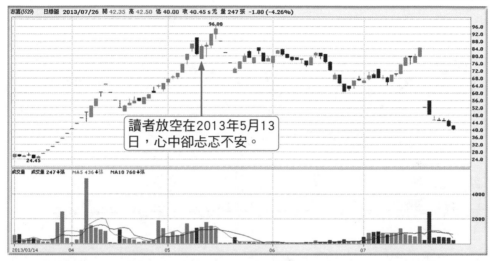

　　波動力大的股票才「給力」，股價能上又能下，確實很適合喜歡做當沖的股友，但是對於想長期持有或抱牢的人來說，像「凌通」（4952）這樣的股票「波動力」大，長抱就沒什麼好處了，因為忽上忽下的行情，只能稱為「盤整」的股票，而不是向上趨勢的股票。

　　此外，像台泥這種龍頭股，從線型看也不是能賺錢的好股票。

　　從線型來看，我們就該有所選擇了。除非它是一檔公司營收、獲利情況都極為良好的股票。但是，這樣的股票通常都不會造成如此的線型。大型投資機構早就把股票護盤護得好好的，哪裡會任由它隨意大跌？這也是「股票線型會說話」的又一明證！

圖 7-23 「凌通」（4952）這樣的股票，只能稱為「盤整」的股票，而不是向上趨勢的股票。

（圖片資料來源：XQ 全球贏家）

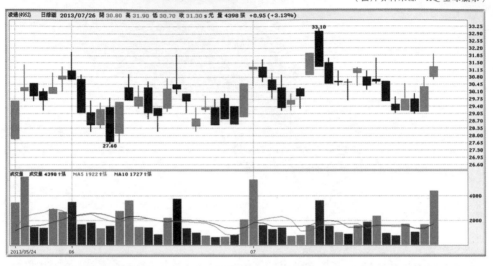

圖 7-24 像台泥知名度這麼高的龍頭股，從線型來看，就不是一檔能賺錢的好股票。

（圖片資料來源：XQ 全球贏家）

以上只是為了說明從線型看「什麼是好的選擇標的」，並非筆者所推薦。那麼，該如何發掘我說的成長潛力股呢？舉個實例來說明。

去年夏天，我和一位在壽險界服務的朋友在飛機上初相識。他是位派駐到大陸考察的行政主管，並非從事保險推廣業務，為人卻很熱誠，在聊到他的工作和我的興趣時，我也透露出自己對股票的熟悉。他忽然提到他所屬公司那時逢低加碼了很多「寶雅」（5904）的股票。

我習慣問對方買股票的理由，他說他對「寶雅」也還不十分了解，只聽說它是一家經營美妝用品連鎖店的公司，是一家做台灣「內需通路」的公司，走的是低價的路線。屈臣氏、康是美已經減少「生活雜貨」的商品，專走「美藥妝」的店鋪型態，所以「寶雅」在其他相同型態的業者之中，已經穩居老大的地位了。

這位朋友分析，由於不景氣，許多大型百貨公司化妝品專櫃的消費群，為了省錢而轉向平價賣場消費。尤其是這種「開架式」的商店，給人一種親切感，還可以順便買一些日用品，所以生意好得不得了。

那時，我對「寶雅」這檔股票還不十分清楚，於是在我研究股票時，就順便去看了相關的資料，才知這是一家營收、獲利都相當優秀的公司。在關注它的時間點寶雅的本益比才只有 12 倍，尤其那時批

發、零售與餐飲業的業績都不很好的時候，「寶雅」的業績卻一枝獨秀。當時，我對它公司的「錢途」非常看好，也印象深刻！

圖7-25　2012年6、7月份，筆者注意到「寶雅」時，正好在跌勢中。

（圖片資料來源：XQ全球贏家）

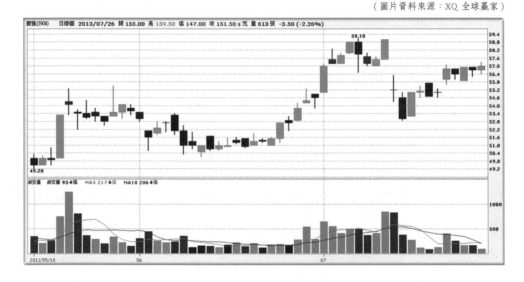

雖然發現寶雅的獲利能力很好，但因我是個短線的操作者，一向比較關注強勢股，而恰好「寶雅」當時有漲有跌，所以就沒被我鎖定為投資標的之一。然而，從長期的眼光來看，「寶雅」其實是一匹大黑馬！為什麼說「寶雅」是一匹大黑馬呢？

請看圖7-26就知道了。它的月線連續18個月收紅。這匹大黑馬，我不是沒騎過，但多半是在它強勢時上馬、弱勢時下馬而已，沒想到把鏡頭拉遠來看，它竟然是一匹千里馬！如果供無法看盤的上班

族來騎馬，簡直就是一匹汗血寶馬啊！在價格上，月線連續漲不停的股票，就是好的長線標的。「寶雅」現在股價已經漲了好幾倍了，本益比已擴增至 29.42 倍，股價淨值比也高達 7.08，未來適不適合再介入，已很難說。但是在去年（2012 年）六、七月間，真的是很好的投資買點。這使我想到，長線投資的選股在我的書中常有著墨，今後更需注意尋找這樣的「潛力股」，才好一勞永逸。

請看圖 7-27，把「寶雅」的線型拉遠來看，不和本文前述的「宏大」、「台苯」、「F- 貿聯」等股票具有一樣的特徵嗎？

重新審閱「寶雅」，去年至今（2012 年 7 月～ 2013 年 7 月）確實有變成今日股價的因素。但由於股價已經反映基本面，未來得另尋其他「小而美」潛力股。怎麼找？就從「寶雅」那時的資質尋得啟示：

一、要尋找股本小而又賺錢的公司：

小型股本來是很危險的，全憑主力的意志在操盤。我們不容易掌握其心意。但是，如果公司業績良好、獲利能力大，那就例外了。主力在操作「股本小＋營收好」的股票比較心安理得，不會動不動就殺到跌停板，我們跟進也就不會那麼膽戰心驚。像「寶雅」只有 9.29 億（去年也只有 9.17 億），又是台灣店數最多、年營收最高、市占率最大的美妝生活雜貨專賣店，便是一檔成長潛力股。

圖 7-26　具有成長力的「寶雅」月線圖。　（圖片資料來源：XQ 全球贏家）

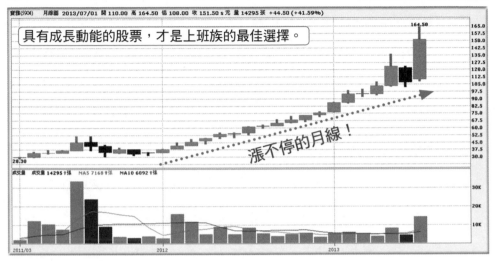

圖 7-27　「寶雅」的線圖也宜於長期做多。　（圖片資料來源：XQ 全球贏家）

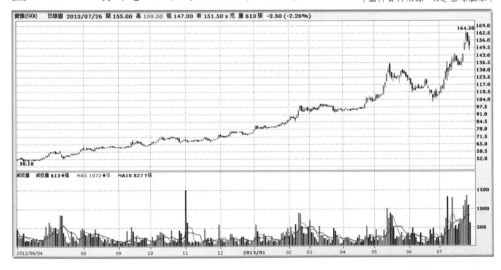

二、股東權益報酬率要好：

「寶雅」股東權益報酬率是 8.94%。還不錯！巴菲特最重視這項資料。績優股「正新」股東權益報酬率是 6.42%，「統一」股東權益報酬率只有 4.41%，「亞泥」股東權益報酬率 也只有 1.32%。

三、現金股息殖利率要高：

當時「寶雅」現金股息殖利率超過 6%，而現在是 2.77%。

四、負債比例：

負債比例低於 40% 的公司就比較安全，因為公司如果負債過高，萬一碰到金融風暴，銀行會緊縮銀根或收回貸款，若公司沒有其他融資管道將週轉不靈或倒閉。「寶雅」目前的負債比例是 40.51%。

五、董監事股票質借比率不要太高：

董監事股票質借比率過高是警訊，不管質押股票向銀行借款要做什麼用途，只要股價下跌，就有被斷頭的危機。「寶雅」只有董事兼總經理陳宗成有質借。

今後得把獲利能力加在技術分析中，作選股的「旁證」。尋找具有以上條件的股票持續追蹤適時上車並長期抱牢，獲利必更豐厚！

・國家圖書館出版品預行編目資料

方天龍實戰秘笈系列5：7個避險策略，決定你98%的暴富成功率 /
方天龍 著.
-- 臺北市：　　　　　　　　　　　恆兆文化，2013.08
256面； 17公分×23公分　　　　（方天龍實戰秘笈系列；5）

ISBN 978-986-6489-49-5 （平裝）

1.股票投資　2.投資技術 3.投資分析

563.53　　　　　　　　　　　　　　　102013241

方天龍實戰秘笈系列 5：

7個避險策略，
決定你98%的暴富成功率

出 版 所	恆兆文化有限公司 Heng Zhao Culture Co.LTD www.book2000.com.tw
發 行 人	張正
作 者	方天龍
封 面 設 計	尼多王
責 任 編 輯	文喜
插 畫	韋懿容
電 話	＋886-2-27369882
傳 真	＋886-2-27338407
地 址	台北市吳興街118巷25弄2號2樓 110,2F,NO.2,ALLEY.25,LANE.118,WuXing St., XinYi District,Taipei,R.O.China
出 版 日 期	2013/08初版
I S B N	978-986-6489-49-5 （平裝）
劃 撥 帳 號	19329140 戶名 恆兆文化有限公司
定 價	399元
總 經 銷	聯合發行股份有限公司 電話 02-29178022

特別銘謝：
本書採用之技術線圖與資料查詢畫面提供：
嘉實資訊股份有限公司

網址：http://www.xq.com.tw